子どもへの気づきがつなぐ「チーム学校」

スクールソーシャルワークの視点から

鈴木庸裕・佐々木千里・住友 剛●編著

かもがわ出版

はじめに

　教師がスクールソーシャルワーカーやスクールカウンセラーなどの専門スタッフとともに、子どもや保護者、そして地域とつながりあう仕事をどうデザインしていくのか。いま、そのテーマを浮き彫りにするものとして、チームとしての学校のあり方をめぐる"チーム学校論"が提案されています。これは、地方創生の時代、これまでの学校を地域の中核としたコミュニティスクールなどをさらに充実させようとする側面をもつ一方で、教育職という同一の職種同士の共同から多職種協働による学校経営をめざそうとするものです。「他」の職種と仕事を分担するということから、「多」の職種との協働をもとに仕事をすることへ。いじめや非行、長期欠席、家庭の貧困、発達支援などへの対応を、教師から見た「他職種」と分担したり、他職種（外部機関）につないだりするのではなくて、はじめから「多職種」で担当することで最善の対応を導き出そうとするものです。教育、心理、福祉、医療、地域保健、司法などの職種すべてがチームの一員であるという意味で、他の専門スタッフにも同じ意識をもつことを求めていくものになります。

　チーム学校の時代を迎えようとしているいま、「私たちに時間的な余裕があればできるのに」「教師の立場ではどうしても限界がある」という声と、「専門職だからといって丸投げされても困る」という声の大合唱になってしまっては、その間にいる子どもたちが困ります。分業とはつねに協業とセットで語られるものです。チーム学校とは、新たに「チームという組織をつくる」ということではなく、これまでの個別分散的な活動から、「チームとしてどう動くのか」という協働のあり方を問うものです。

　チーム学校とは、個々人におきかえると、教師や専門スタッフがおのおの援助や支援のありようにおいて、どんな知見や技量を身につけるのかに関心を向けること以上に、他の教師や専門職とともにどのような支援環境を作り出せるかに着目した学校づくりと言えます。そこでは、他者とのつながりをつくる力やその気づきが試されます。

　そこで本書は、その「つながりと協働への気づき」をこれからの大切な専門性として考え、そのことをスクールソーシャルワークの視点から読者に届けたいと思います。この専門性はすぐさま具体的な対処方法に置き換わるものではありません。まずはみずからの関心を確かめること、そして周囲の専門職が何に関心をもっているのかに「気づく力」を高めること、それら「専門職どうしの関心をつなぐ気づきと、その気づきのための力を高める」という点から、チーム学校をめぐる課題をのりこえるための新たな芽をさぐりたいと思います。

本書は、スクールソーシャルワークの視点から、これからの「チーム学校」を検討するための4つの章で構成されています。

　第1章では、チーム学校論への批判的検討をもとに、学校内外の分業と協業の世界をつくりあげる実際的課題を取り上げます。いじめや不登校、発達障害など、どれをとりあげても、1つの職種や専門分野で対応できる時代ではありません。個々のケースや課題を解決するという視点から、子どもや家庭の生活の質を高めたり、そのための学校の支援機能の質を高めるという関心や気づきの技量について語ります。

　第2章では、相手の気づきに働きかけて人と人とをつなぐソーシャルワークの専門性について、包括的にとらえる視点の必要性や「つなぐ」ことの本質、そして「つながり」をつくることや「気づき」がもたらす可能性に目を向け、「気づき」のあるケース会議のあり方など、教師が"つなぐ専門性"を高めていく方法について、スクールソーシャルワーカーとの二人三脚の取り組みから紹介します。これらはスクールソーシャルワーカーが読者に届ける実践的の秘訣です。

　第3章では、チーム学校を考えるうえで最も緊急性のあるテーマである学校でのいじめ・自死・事故が、私たちに問いかける課題について論じています。悲しい出来事にかかわる人びとの声をていねいに聴き取るイメージが共有できる基盤づくり、学校での死亡事故やいじめによる自死への調査チームの活動やその際のコーディネーターに求められる力量など、いじめ防止対策推進法や学校事故対応についての理解と再発防止のための本質的な議論を創出するチームのあり方を考えます。

　第4章では、チームの必要性を最も感じる学校場面をいくつか想定し、教師の立場から「こんなとき、どうすればいいのか」という問いに、スクールソーシャルワーカーが答えるQ&Aです。エピソードをもとに、何に気づいてもらえばいいのかを描いています。現役のスクールソーシャルワーカーが、教師との対話のなかで読み取ってきた経験をもとに、福祉職として何ができるのかといった解決方法だけでなく、教師みずからが元気に一歩を踏み出すことができるような、自己運動につながる視点をたくさん提供しています。

　本書は『子どもが笑顔になるスクールソーシャルワーク――教師のためのワークブック』(かもがわ出版)の姉妹篇です。あわせて活用していただけると幸いです。

編者を代表して
鈴　木　庸　裕

目次

はじめに　3

第1章　チーム学校とはなにか─専門性と協働の世界　9

1　学校の組織力向上と地域連携　9
（1）チーム学校の到来　9
（2）チーム学校を問う姿勢　11
（3）チームはあらたにチームをつくる役割をもつ　12
（4）「閉じた」用語からの解放　13

2　1つの職種で取り組む時代ではない─いじめ問題をもとに　15
（1）いじめの防止対策とチーム学校　15
（2）いじめ防止対策は個の尊厳から考える　17
（3）学校・家庭・地域の連携とその実効性を高めるソーシャルワーク　18

3　「チームとしての学校」に欠かせない専門性　20
（1）福祉と心理の専門職をつなぐ教育職のコーディネート　20
（2）つながりと「個と環境の相互作用」　21
（3）学校心理学のチーム援助とソーシャルワーク　23

4　チームをめぐる組織力の形成　25
（1）個々の理解をめぐる組織的確認　25
（2）生活の質を高める具体的な提案　26
（3）ソフト・アイの手法　27

5　チーム学校の時代を迎えるために　29
（1）アクティブ・ラーニングとチーム学校　29
（2）中立性や公平性に立脚したチーム　29
（3）Matureな人が望まれる　31
（4）対話をつくるサークルや研修会づくり　31

第2章　人と人とをつなぐ専門性─相手の気づきに働きかける秘訣　33

1　問題を包括的にとらえる視点　33
（1）「なぜ？」の向こうに、見えない何かが見えてくる　33
（2）課題も互いに影響し合っている　37

2 「つなぐ」とは「つながり」をつくること　41
　(1) 子どもの利益となる「つながり」とは　41
　(2) つながるための「準備」の部分で、なにがみえるか　42
　(3) 互いにつながりたいと思うために　44
3 つながる相手を理解するとは、どういうことか　45
　(1) 相手の役割・機能、立場、関心・着眼点を理解する　45
　(2) 相手の気持ちを理解する　46
4 「気づき」のもたらす可能性　47
　(1) 内発的動機づけが人を動かす　47
　(2) 「気づき」への働きかけ　48
　(3) 「気づき」を活かす　49
5 「気づき」のあるケース会議で教師はいかに専門性をたかめるか　51
　(1) ケース会議に教師の専門性を活かす　51
　(2) ケース会議での「気づき」を活かす　52
　(3) ケース会議で教員の専門性を高める　54
　(4) 人と人とをつなぐ専門性　55

第3章　学校でのいじめ・自死・事故の問題が「チーム学校」に問いかけていること　57

1 チーム学校の視点から見た学校事故・事件に関する諸問題　57
　(1) 今の学校事故・事件に関する諸課題への制度・政策的な対応　57
　(2) 実際に重大事故・事件が発生した現場で求められていること　58
2 重大事故・事件が起きた現場に生じる重層的な「ズレ」　60
　(1) 遺族・家族と学校・教育行政の関係を図で表現してみると　60
　(2) 実際の遺族・家族の声からわかること　61
3 事後対応の各場面における関係調整で重視すべきこととは？　64
　(1) 「子どもたちの『最善の利益』の実現」という視点に立つこと　64
　(2) 起きた悲しい出来事にかかわる人々の多様な声を「ていねいに聴き取る」こと　66
　(3) 「修復的対話」という発想・手法を参考に　67
　(4) 子どもの置かれていた状況に対する「イメージの共有」ということ　68
　(5) 遺族・家族からの問いかけ、要望に適切な「応答」をすること　70
4 今後、理念や思想的な次元の課題にどう向き合うか？　72
　(1) 事後対応に関わる多様な専門職の「協働」のあり方をめぐって　72
　(2) 日頃の事故・事件の未然防止に向けての「協働」のあり方　73
　(3) 重大事故・事件の事後対応場面での「協働」のあり方　74

第4章 "チーム学校" Q&A ……………………………… 77
　　　　―スクールソーシャルワーカーはこう考えます―

Q1 担任として日々子どもの様子を見ていて、いじめかどうか判断に迷っています。また、判断に迷うので、具体的な対応が思いつかず悩んでいます。このようなとき、校内のいじめ対策組織やスクールソーシャルワーカーに何を伝え、どのような連携を図っていけばいいでしょうか。　78

Q2 通常学級か特別支援学級かの選択で、いま学校と保護者との間で意見がまとまらず、子ども自身も困っています。学年主任として仲裁できるようなチームをつくり会議を開催したいのですが、それまでの準備や会議の司会をする上で大切なポイントを教えてください。　80

Q3 背景に深刻ないじめがあると疑われる子どもの長期欠席が起きた時、校内のいじめ対策組織はスクールソーシャルワーカーやスクールカウンセラーと連携しながら、その子どもや周囲の子ども、保護者、教職員へどのように事実確認と事後の対応を行えばいいでしょうか。　82

Q4 勤務先の校長先生に、「チーム学校」は個々の問題への対処だけでなく、日々の学校での「チーム体制の構築」に役立たないといけないと言われました。世代や考え方の異なる教職員集団を前にすると、その説明がとても難しいのですが、スクールソーシャルワーカーだったら職員会議でどのように話をしますか。　84

Q5 生徒指導担当として悩んでいます。定例会議で、ある事例についてスクールソーシャルワーカーとスクールカウンセラーの見解が異なり、よく対立することがあります。こんな対立の構図を作らずに、どう協働が図れるのか。そのことを会議の準備のところで話題にしたいのですが、どうしていけばいいですか。　86

Q6 本校の校長先生は、以前、児童相談所と関わりを持って、うまくいかずいやな思いをしたようで、外部の関係機関と連携を図ることに躊躇する気持ちがあるようです。こんな校長先生に、学校と児童相談所や市町村の子ども家庭福祉の相談機関との相互理解を深めることを提案したいのですが、教頭の私からどう説明するといいでしょうか。　88

Q7 高校で、卒業後に視点を置いた校内チームづくりを行うとき、進路指導担当として何を考えてどんな行動をすればいいでしょうか。　90

Q8 ひきこもり状態の子どもとの関わりに諦めを感じている教師に、どんな言葉かけや促しをすれば心に響くでしょうか。　92

Q9 貧困がテーマとなるケース会議で、スクールカウンセラーとスクールソーシャルワーカーとが一緒にうごくときに、何を分担すればいいか、何を一緒にすればいいかの判断が難しいのですが。　94

Q10 担任が貧困・ネグレクト事例について、行政機関への連絡・通告を躊躇しています。周囲の教師や管理職、子どもの保護者にどう話をすればいいのか、担任の気持ちが動かないようです。養護教諭として、どう促していくと担任はその気になるのでしょうか。　96

Q11 コミュニティ・スクールの推進会議で、スクールソーシャルワーカーとして話をしてほしいと言われました。総合教育会議や教育委員会の改変など、教育をめぐる課題が数多くあるなかで、ミクロからマクロな問題まで、何をどのように提案すればいいでしょうか。　98

Q12 ある教育委員会の指導主事からの質問です。「川崎の中学生事件」以来、とても気になる生徒がいます。学外の少年が関わっています。このような非行の案件について、どのようなコーディネートをすればいいか、日々悩んでいます。　100

Q13 いじめ防止対策推進法にもとづいた校内のいじめ対策委員会は、日頃からスクールソーシャルワーカーやスクールカウンセラーとどのように連携し、どのような活動に取り組んでいく必要があるでしょうか。　102

Q14 誠に悲しいことながら、我が校において、いじめで子どもが亡くなる事案が起きました。このような重大事態が起きた場合、学校内に設置されたいじめ対策委員会は、スクールソーシャルワーカーやスクールカウンセラーと連携しながら、まず具体的にどのような対応をしていけばいいでしょうか。　104

Q15 いじめ対策委員会による関わりの深い子どもや遺族への聴き取り調査で心がけることや、面接する時に気をつけないといけないことはなんでしょうか。　106

おわりに　108

第1章

チーム学校とはなにか
―専門性と協働の世界―

1 学校の組織力向上と地域連携

(1) チーム学校の到来

　ある研修会で「チーム学校の到来」と表現したところ、到来とはどういうことなのか、これまではどうだったのか、と質問を受けたことがあります。にわかにチームという言葉が盛んに使われることに違和感をもつ方も多いのではないかと思います。
　いまから20年以上前、教師の多忙化や抱え込みが課題となったとき、学校への期待や仕事の肥大化には組織的な対応が必要であり、まずは教職員個々の顔と顔が見える同僚性を大切にしようというチーム観がありました。今回の「チーム学校」は、それとは少し様相が異なります。今回のチーム学校は、学校の機能を地域社会や家庭生活を含む「包括的のもの」とみることであり、個々にとっては、チームの構成員の全体像が見えづらく、つながり合うモチベーションも見えにくいのです。「人に言われてチームをつくるのはおかしいのでは」というのももっともな感覚でしょう。そもそも誰のためのチームなのかをじっくり深めること、そのあり方自体が肝心です。困ったときに、子どもにかかわってくれる人が他にもいてくれると、安心観や喜びが生まれます。しかし、自分とその子どもとの関係が薄くなったり、切り離されてしまわないかという不安も、教師としてはぬぐえないでしょう。端的に言うと、教室の外から誰かがやってきて、子どもを連れていってしまうのでないかという不安も見逃せないのです。
　チーム学校のイメージを示す図1をみてみましょう。
　現状は、教師間や教師と身近な専門職との結びつきが中心となっていて、この図の「現

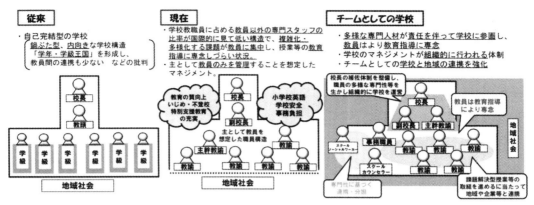

図1 チームとしての学校（イメージ図）
（「チーム学校関連資料」初等中等教育部会チーム学校作業部会参考資料、2015年より）

在」の部分が示すように、学校が地域社会のなかで何らかのチームの一員であるという理解にはならず、チームが誰のものかという点では学校内で自己完結します。一方「チームとしての学校」では、「多様な専門人材が責任を伴って学校に参画」する点で、従来でいう役割の分担ではなく、役割の「分断」にならないかどうかが問題です。

　今回のチーム学校論の下地には、今日の「地方創生」の考え方があります。学校と地域が協働・連携する体制を構築し、学校や子どもたちの課題に対応するだけでなく、学校を核とした地域の教育資源を組織化して、地域の振興や再生に貢献することが期待されています。これは2004年に導入されたコミュニティースクールの考え方です。全国の公立小中高校などに地域の住民らが学校運営に直接参加する「学校運営協議会制度」の設置を努力義務とする学校を核とした地域づくりの推進です。登下校の見守りや放課後の教育活動、安全・安心な居場所づくりのために、学校へ地域連携を担当する教職員を配置するというものです。すでに導入している学校では「特色ある学校づくりや生徒指導上の課題解決などで効果がある」と報告していることから、特に教師だけでは対応しきれない課題のなかにいじめや不登校を入れて、外部専門家と協力して対応する仕組みの導入と教員の資質向上策をセットして提言したものに過ぎません。

　教師が学校という場や資源の活用にとどまり、地域の資源とコミットしていかない場合、教師は自分が勤務する限られた職場（学校）の「職員」になってしまいます。教育職が地域で学校の囲いのなかで孤立してしまいます。学校が地域の中核的施設になるには、地域と学校がパートナーとなり、相互に当事者意識が備わらねばなりません。チーム学校はその備えの担い手づくりです。

(2) チーム学校を問う姿勢

　チーム学校への不安は、いじめや不登校、非行、貧困問題への対応など、学校に期待される役割が無制限に広がるばかりではないかという点にもあります。日本の教職員は、欧米に比べて勤務時間が長い割には、子どもと向き合う時間が十分確保できていないといわれます。複雑で多様化する課題の解決を教師だけに求めるのには限界があり、未来を担う子どもを社会が総がかりで育むというチーム学校論には一定の評価があるかもしれません。ただ、地域の力を活用することに視野を向けていくことが、「教師の多忙化」の解消との因果関係で語られることに、多くの教師の迷いがあると思います。教師だけが限りなくさまざまな対処能力を蓄えていくという専門職構造にあっては、多忙化からいっこうに解き放たれることはありません。

　図2に見るように、チーム学校の目的は、専門性にもとづくチーム体制の構築と組織力の強化です。心理的なケアを担うスクールカウンセラーや福祉の専門家であるスクールソーシャルワーカー、部活動を指導する「部活動指導員」などを学校職員とし、職務内容等を法令で明確にし、将来的には学校教育法などにおいて正規職員化し、義務標準法で教職員定数に算定し国庫負担対象にすることを検討しようというものです。

　スクールソーシャルワーカーは、「問題を抱える児童生徒が置かれた環境への働きかけや関係機関等とのネットワークの構築、連携・調整、学校内におけるチーム体制の構築・支援などの役割を果たす」専門職とし、スクールカウンセラーは「児童生徒へのカウンセリングや、児童生徒への対応について教職員、保護者への専門的な助言や援助を行う専門職」という規定です。

　みなさんはどう思われますか。

　学校はこうした専門家を活用し、子どもの多様な情報を整理統合し、アセスメントやプランニングをした上で、教職員とチームになり支援を展開するというのですが、いじめや暴力など、子どもの生命や身体、そして教育を受ける権利を侵害する「重大事案」にお

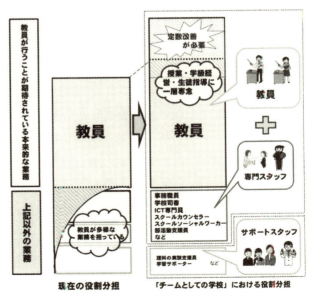

図2　教師の仕事の代替化

(「チーム学校関連資料」初等中等教育部会チーム学校作業部会参考資料、2015年より)

いて「校長のリーダーシップの下、チームを構成する個々人がそれぞれの立場や役割を認識しつつ、情報を共有し、課題に対応していく」と言います。しかし、「法令化された職務内容」と「校長のリーダーシップの下」という部分に「？」が付きます。チーム学校が、子どもの豊かな学びと成長につながるかどうかは、チームワークの目的と性格次第です。学校全体で意識改革を行い、立場の異なる人材をチームの一員として迎え入れ、そこに共同思考と対話が保障され、いかに同じ目標へ向かって情報を共有し連携を深められるのか。チームは共同思考の場であり、気づきの場です。専門的な知識は気づきではありません。

　チームはその構成員自身の手によって発議や活動開始のボタンが押されなければなりません。チームを形成する構成員の主体的な意向が活動内容を決定します。誰がつくるものかによって活動の意味も異なります。いじめ問題でたびたび「隠蔽」が課題になるのは、チームの官僚制（ビューロクラシー）です。それは対応組織がもつ権威主義や事務的な対応であり、誰かが責任を取ることを避けるという体質です。所属組織には上司の判断や責任に従うという公務への従事スタイルがありますが、単なる上司（上役）ではなく、専門性をもって助言指導のできる上司が必要になります。

(3) チームはあらたにチームをつくる役割をもつ

　登校をしぶる子どもが校長室で過ごしているという光景がよく見られます。担任の負担軽減のために校長が子どもを自室で引き受けているのです。保護者と担任との折り合いが悪く、保護者の要望を理由にそうすることは、校長が担任や学年教師間の取り組みを遮り、子どもを校長室に収容していることになります。校長は良かれと思っているかもしれませんが、担任の成長や学年教師の実践を尊重していない姿にも見えます。さらに校長室では他の職員への指示が飛び交います。それを見聞きするなかで、学校で一番偉い人の庇護の元で学校生活をおくる、ある種の権威（力）に依存する「私は特別」と考えるような子どもが生まれます。

　こんなエピソードもあります。面談で親からの要望を無理難題や批判として受け取ると、すぐにクレーム対応として反射的に動いてしまい、「そうではない」という返事をしてしまうような会話があります。相手の話をじっくり聞くことができず、クレームに対して間をとらずに担任ひとりで対応してしまう、というような話はよくあります。

　しかし、こうした人の良さそうな校長先生の対応や、クレームへの即答対応をよしとする学校では、チームはできません。学校の仕事は年々ふくれあがっています。とっかえひっかえいろいろな滋養強壮サプリを飲み続けているかのような状態です。学校は、仕事を増やし続けても削減・整理できない職場の文化をもっています。柔軟性のない教育課程

という学校の基本計画の作られ方、昨年同様という「事なかれ計画」の踏襲、そして「不易と流行」という言葉がいまだ呪文のごとく立ち現れてくる世界です。こういった世界にチームをつくることが、新たなサプリになってはいけません。チームは相手方にもチームがあってはじめてチームと言えます。サッカーであれ野球であれ、あたりまえですがチーム同士の対戦です。緊急支援チームは、個のニーズが対象ですが、これもまた多数の人材がチームになってある個人にかかわる行為に他なりません。

　アタックチームのごとく、攻撃（攻め込む）のようなニュアンスも漂います。専門職によるチーム論として、「チーム医療」という言葉が源流にあります。メスを持って手術する身体への「侵襲」に、医師の指示で関係者が責務を全うするという行動原理です。しかし、チームは相手側にもチームをつくり育てるものです。何かの事件の事後対応で動く支援チームが学校にチームをつくり、校内での活動の模範やモデルを示す役割をもつ。家庭に対しても、チームが入って家庭の成員をチームにする。あるいはそのように働きかけていくことが原理になります。学校の危機対応での緊急派遣も、申し出のあった子どもや教師へのカウンセリングや観察だけで終了するものもありますが、学校の組織的な対応について一緒に仕事をしながらそれをそばで学んでもらう、いわば行為行動を埋め込む作業です。チームがなくなっても自己運動できる職場づくりがなされているかどうかがポイントになります。どんなチームを校内あるいは校外に生み出すのかという目標の有無が大きな課題です。

(4)「閉じた」用語からの解放

　日本におけるスクールカウンセラーの導入は、20数年前、いじめによる自殺が社会問題となり、子どものSOSに感受できなかった反省から、子ども理解に資する教師への助言指導（コンサルテーション）人材の派遣からでした。いまでは心理教育や心理検査の担い手として、広く学校現場に根を張っています。スクールソーシャルワーカーの全国的な公的導入は2008年です。その配置理由にはさまざまな立ち位置からの議論がありますが、「これからの教育改革の一員としての教育人材」「教員構成の若年化による学級経営や保護者対応の補強」「家庭―学校―地域で支える子どものしあわせ」などが挙げられるでしょう。しかし、本質は教職員にとって「不登校、いじめ、発達障害の用語に縛られた指導から解放」にあるのではないでしょうか。不登校という問題行動の調査上の用語を、いじめやネグレクトや家庭支援という言葉に置き換えると見え方がかわります。スクールカウンセラーが導入されたときに何が有用であったかというと、子どもを読み取るときの表現力を数多く教師が得たことです。症名や検査法、診断をめぐる専門用語ではありませんが、

「気になる子」や子どもの情緒面の表象をどう示せばいいのかについて、表現できる言語を提供され、教師ももつことができたことです。

では、福祉職はどんな用語を教師の「解放」のために教育現場へ持ちこめるのでしょうか。たとえば教師が「問題行動」と表現しても、スクールカウンセラーやスクールソーシャルワーカーにはそれぞれの知識や援助技術に関わる専門性に立脚したカテゴリーの表現が求められます。表1のように、教師が学習成績による「学力不振」という場合、心理職は発達・情緒面で「学習困難」と呼び、福祉職は「学ぶことへの意欲低下」とその社会的背景を読み取っていきます。学校教育の課題が多様化・複雑化・困難化していると言われますが、それがいじめや不登校といった単一の言葉でしか言い表されてこなかったのです。

表1　専門職固有の用語法で示すとどうなるか

教師	スクールカウンセラー	スクールソーシャルワーカー
学力不振	学習困難	学ぶことへの意欲低下
問題行動	孤立	貧困・セルフネグレクト・展望の喪失
発達障害	集団生活への信頼経験	生活経験の特性
不登校	長期欠席	学校観の変化・多様な学習機会
登校しぶり	愛着障害	養育困難

チーム学校の目的は、学校が「問題解決」の受け皿になることではありません。緊急支援チーム・対策チーム・支援チームはプロジェクト型組織であり、問題が解決したら解散し、ある限定された期間や財源の制約で実質的な稼働範囲を区切る組織です。誰がどのように「解決」したと判断するのかという点や、問題が起こらないと動かないという点で、いささか不安定な組織になります。

チーム学校論について、これまでの学校教育がもつ福祉的な家庭支援の機能を外注化あるいは外部化し、その機能を弱めるのではないかと考える人もいます。あるいは「もう手に負えない。できれば代わりに対応してほしい」という気持ちから、外部のチームにお願いしたいと考える人もいるかもしれません。しかし、この外注化も代替化もともにまちがいです。そのようなことがあれば「ストップ・ザ・いじめ」ならぬ「ストップ・ザ・チーム学校」というスローガンを生み出しかねません。それは、そうしたチーム学校論には、保護者や子どもの参加や参画が想定されていないという根本的な問題があるからです。

2　1つの職種で取り組む時代ではない──いじめ問題をもとに

(1) いじめの防止対策とチーム学校

　昨今、いじめの防止対策をめぐり、学校や教育委員会はスクールカウンセラーとスクールソーシャルワーカーの活用を明記化しはじめています。どの都道府県でも「いじめ防止基本方針」が作成され、道徳教育の充実や体験活動の推進、少人数教育によるきめ細かな指導、いのちやこころを大切にする性に関する指導の充実、情報モラル教育の推進、地域ぐるみによる学校支援の促進などと並んで、教員の教育相談に関する資質を高めるための研修の充実、関係機関との連携を通じた子どもや保護者の多様化する悩みに対応できる相談支援体制の整備推進、いじめに関する通報及び相談を受け付けるための体制の整備などが示されています。
　そこで、チームのあり方について「いじめ問題」への活動を例に考えたいと思います。
　いじめ防止対策推進法では「法に基づいた適切ないじめ防止等のための組織を設置し、必要な対策を講ずる」ことを求めています。「本人の申し出があること」といった2006年以前の「いじめ理解」がいまだに残存している学校や地域はいただけませんが、これはおそらく法の施行以前からある生徒指導委員会などのマイナーチェンジで事足りるという認識によるものだと思います。法は、事後対応への準備・調整・調査・報告の実務性を義務づけ、法が定める校内「いじめ対策（等）委員会」や教育委員会の附属機関としての「いじめ問題調査委員会」といった枠組みの保持に転換しています。
　この法では、いじめ認知と組織的対応が軸になっています。法が示す「学校におけるいじめの防止等のための組織」は、児童生徒のしあわせと権利擁護に資することを目標としています。従来の未然防止・早期発見・事案の対処、いじめに関する安全配慮、動静把握、実態調査、防止措置などに関する予見可能性を問うことに止まりません。法25条が示すように、具体的な教育的指導をめぐる提案を行うことです。今後、いじめ認知の活動と組織的対応の部分で、チームの役割が問われます。なぜなら、いじめは可視化が難しく、構造的なものであり、教育・心理・司法・福祉・医療など多面的な視点をもってはじめて解明できうるものだからです。専門職が協働してはじめて紐解くことができるものという理解をもとに、それぞれの力量や専門性が発揮されねばなりません。どのような局面でその専門性が求められるのか、例を以下に列記します。

- 子どもがどんな経験をしてきたのかを考えること（生活や経験の分析）
- 児童相談所・警察など地域相談機関との連携
- 調査報告の作成時の検証の目的や方法
- 調査技術や面接（事実確認面接）技法への熟知
- 「いじめ対策委員会」による「基本調査」への実務的協力・支援
- 「背景調査」への移行及び対応の方法
- 第三者性をめぐる自己認識と中立性の担保及び「見える化」
- 事後対応をめぐる考察力と計画力（想定力）
- 関係者が「事実に向き合いたい」という願いに応えるための取り組み
- 再発防止にとどまらず、関係者の権利保障に根ざすこと
- 子どもや教職員へのケア・支援
- 関係者全員の権利擁護と個人情報の保護
- 教育の社会的信頼の確保をめぐる視点
- 調査者自身の精神的安定と健康

　これは福祉職、これは心理職、これは法律家と切り分けるのではなく、それぞれ自己点検する必要があります。委員会の会議に同席して専門的見地から発言する場面とは異なり、一緒に学校に赴き聴き取り調査を行うことを想定した共同思考のトレーニングが大切になります。いじめ防止対策推進法はこの「想定しておきましょう」を喚起しています。さらに「いじめ」に限定するものではありませんが、こうした共同思考は「子どもたちが学校で安心して有意義な生活をおくること」全般にわたる営みです。子どもも親も学校も教育行政も抱え込まず、苦しまないで済む社会の仕組みに道を開くものです。浸透するには時間がかかりますが、調査の委員会が立ち上がったとすれば、委員会というチームの終結のポイントは、その活動が短期であっても長期であっても「関係者全員に適切に報告する」という行為です。いじめ防止対策について調査結果を報告して再発防止を示したらそれで終わりという風潮には楔を打つ必要があります。

　我が子のいじめのことで相談に来た保護者への一言が、大きなすれ違いを生み出すことがあります。「お宅のお子さんにも原因が……」「そのとき見ていなかったので」「これ以上言われると、警察にお願いしないといけないので、私たちの学校の手から離れてしまいます」などが典型的な反応です。子どもの発達障害を疑う表現を持ち出したり、保護者の精神疾患を理由に保護者批判をするなどの例も同様です。

　大切なのは「誠意」と「誠実」の表意であり、学校の主体性の明示です。「誰々が言っ

たから」はNGです。いじめではなく、いじめの発生自体を否定的に評価しないこと。いじめに関する情報を積極的かつ主体的に開示すること。特に防止対策にあっては、抽象的な理念の表示にしないことです。それでは最も苦悩している現場に、具体的対応をすべて押し付けることになってしまいます。

(2) いじめ防止対策は個の尊厳から考える

　「いじめはどこで起こってもおかしくないのでアンテナをあげておきましょう」というフレーズ。理解はできますが、一方で「いじめは起こるべくして起こるもの」でもあります。調査による検証結果から原因や要因をさかのぼる作業を通じて、これまで曖昧にされてきた多くの問題が問われてきています。

　「いじめ」「自殺」「重大事態」という言葉は、教育現場に「即対応、即対処」といった衝動を招きます。地域社会やマスコミでも、犯人捜しのような「落としどころさがし」が話題になりがちです。さらに「いじめの有無」や「いじめとの因果関係」「今後の再発防止対策」といった3点セットで語られやすいので、実効性のある再発防止や中長期的な事後対応については通り一遍のものになりがちです。これでは「どうしていじめの防止なのか」という法の精神がまったく深まりません。法第1条が述べる「いじめの防止等のための対策を総合的かつ効果的に推進する」という目的は「児童等の尊厳を保持するため」です。「いじめはいかなる人間関係や環境においてもあってはならないもの」という普遍性が、学校だけでなく保護者や地域社会全体で共有されねばなりません。

　また、自殺にいたる心理は、自殺（自死）以外の選択肢が考えられない状態になるなど、精神的に「追い込まれた末の死」といわれています（内閣府、2012年）。一方、世界保健機関（WHO）は、「自殺はその多くが防ぐことのできる社会的な問題」「社会の努力で避けることのできる死である」と示しています。学校教育に置き換えると、子どもたちを取り巻く集団の慣行や制度の見直し、あるいは相談や支援の体制整備という社会的取り組みによって、自殺は防ぐことが可能になるという考え方です。決して周囲の個人的な営みだけで成し得るものではなく、組織的対応が大切であることを示しています。

　ここからどんなチーム論が浮かびあがるのか。結論から言えば「当事者の尊厳」がチームの活動指針になります。

　重大事案の背景は、目に見える教室や学校生活だけではありません。生徒の入学前の生活経験や生活環境にも関心をもつことが大切になります。部活動を例にとれば、そこでは集団的トラブルや伝統や実績を引き継ごうとする心理的な圧迫が「暴力を伴わないいじめ」になります。しかも、子どもの「自主性」に任せてしまう「指導放棄」があったり、

保護者や地域の過剰な願いもその圧迫の1つとして刻み込まれます。「部活は子どもたちのもの」という問い直しとともに、教師自身の子どもとの対話や気づきを振り返る時間的空間的余裕およびその保障も不可欠になります。

　また、近年のいじめやその重大事案の背景には、ネット環境の問題が少なくありません。ただLINEやネットの不適切な使用を禁じる対処ではなく、子どもたちがLINEやネットを不適切に使用してしまうのはどうしてなのかに目を向けることが大切になります。これは「会議の中では発言しないのに、会議が終わってから個別にいろいろと意見を言う」という大人の慣習と大差ありません。まずは、私たち大人の会話や対話、コミュニケーションのあり方から見直していくことです。

　いじめ事案を見ると「教師や大人により一定の解決がなされた」あとに激化し、深刻な状況になる場合が見られます。「ケンカ両成敗」論や、教師による加害者から被害者への謝罪型の取り組みがその典型です。これは教師（大人）側の思いや対処であり、子どもたちに正しく根づかず表層的であり、周囲にいる子どもたち（傍観者）への対応が欠けます。

　いじめの防止対策は、学校の中に創造的な教育実践を生み出す起点です。しかも、事後対応のみならず、予防を旨とするものであり、学校への社会的信頼を回復する組織的な営為です。

(3) 学校・家庭・地域の連携とその実効性を高めるソーシャルワーク

　いじめ防止対策推進法は、「いじめの定義」を以下のように述べています。

　「いじめとは、児童等に対して、当該児童等が在籍する学校に在籍している等当該児童等と一定の人的関係にある他の児童等が行う心理的又は物理的な影響を与える行為（インターネットを通じて行われるものを含む）であって、当該行為の対象となった児童等が心身の苦痛を感じているものをいう」。

　「児童等」のように「等」が付くのは、「生徒」や「幼児」「園児」も含まれるからです。子どもたちがはじめて家族のもとを離れて集団生活をする幼稚園や保育園の幼児期にも視野が向けられねばなりません。また「在籍している等」も、卒業生や休学、退学などの状態にある者にも目配せするための文言です。さらには、子どもの地域生活は、学校のみならず放課後のスポーツ少年団や文化活動の諸組織、学童保育、塾、子ども会なども含まれます。

　このいじめ防止対策推進法の特徴は、学校や教職員のみならず、家庭や専門機関を含む地域住民が三位一体となることを明示している点です。従来「いじめ防止等」は学校や教師の役割とされがちでしたが、この定義では三者の共同と連携を明記しています。学校は

```
┌─────────────────────────────────────┐
│   ソーシャルワーク（つなぎ）のある社会   │
│                                     │
│  ・学校→家庭→地域のベクトル           │
│         家庭の資力に依存する傾向       │
│                                     │
│  ・家庭―学校―地域                    │
│         における学校の役割            │
│                                     │
│  ・家庭― ■ ―地域をつなぐ社会の創出   │
│                                     │
└─────────────────────────────────────┘
```

図3　家庭と学校と地域との関係は
ソーシャルワーク（つなぎ）のある社会

保護者はもとより、地域の専門職団体との連携も欠かせません。

「いじめの防止等に関する措置を実効的に行うため、複数の教職員、心理、福祉、司法等の専門家などの関係者により構成される組織を置く」。

したがって、これは専門家が学校を外部から支援したり補佐することだけではありません。それぞれの専門職団体自身も、主体的にこの法律の実効性の担い手となることを喚起しています。学校でいじめを経験した子どもたちが社会に出ると、学校のこうした役割は地域社会にバトンタッチされ、地域社会が受け皿になります。その意味でも、地域の関係機関の役割は大きいと言えます。いじめ問題は極めて声があげにくいものです。ゆえに声を上げたくなる、SOSを出したくなる相談や支援の機関のあり方が求められます。

図3はソーシャルワークのありようを示すものです。

上のような「学校→家庭→地域」のベクトルでは、学校で離席が続くと、親に医者に診てもらうようにと地域の医療機関に出向いてもらう。しかし予約がいっぱいで数か月待ちになり動きがストップする。また「登校刺激をしないように」と医者から言われて立ち止まってしまう。

では、まんなかの「家庭―学校―地域」のように家庭と地域・関係機関などを橋渡しする公的機関として学校が位置づくとどうでしょうか。下のように、家庭と地域の間■に児童相談所も病院も警察もNPOなども入ることが可能です。こういった社会を創出することがソーシャルワークです。

学校→家庭→地域のベクトルで物事をとらえると、家庭の資力（経験、意欲、経済力、対人関係やコミュニケーションの力など）が子どもを左右してしまうこともあります。さらには、それを自己責任として周囲から判断されかねない危険もあります。学校との対応、医療機関との対応も、お母さんが1人で抱え込んでしまうシステムを放置してきた側の課

題がここから見えてきます。

　学校（教師）と医療機関（スタッフ）との間（つなぎ目に立つ）に入って、いかに調整や修正、修復、回復にあたるのか。教師に求められるつなぎの部分を埋めだけでなく、福祉職が間に入って活動のモデルとなり、医療の世界をいかに教育の世界の言葉に「翻訳」して伝えるのか。教師を医療に巻き込むと同時に、医療を教育の世界に巻き込むことも大切になります。教育や学校について他の職種が知ることを支援する意味もあります。

3 「チームとしての学校」に欠かせない専門性

(1) 福祉と心理の専門職をつなぐ教育職のコーディネート

　「スクールカウンセラーとスクールソーシャルワーカーはどこが違うのですか」。
　これは歓迎すべき問いです。両者との出会いを持つ機会が得られたことと同時に、両者の共通点について見立てることができるからです。
　次のようなエピソードがあります。《不登校の子どもの家族、とくに両親との関わりがうまくいかないなかで、祖母とはつながりができそうである。だからいつも家にいる祖母と家庭訪問で話をしてくる。教師は、話ができる祖母をキーパーソン（資源）と考えました。しかし、その親を生み育てた親でもあり、孫に対してなんとかしたいという思いはわかるが、本当にキーパーソンになり得るのか。3世代までさかのぼって家族を見るという視点は、医療や福祉では当たり前の発想だが、学校や教師は法規上そうではない》。
　児童福祉法では、養育者・3親等までを養育責任者として視野に入れますが、教育基本法の第1次養育者は父・母です。教育職と福祉職や保健職が一緒に動く根拠は、相手を知っている、知人であるという情緒的な根拠から、相手を協力者として連携の担い手に高めていくものとなります。単なる昔からの知り合いや慣れた人とのつながりに依拠するだけなら、専門職ではなく素人の井戸端会議とかわりません。学校でスクールカウンセラーとスクールソーシャルワーカーがしっかりと相互の専門性を活かすことができるのは、教師が両者の間にいて3者の関係を生み出しているからです。つまり、スクールカウンセラーとスクールソーシャルワーカーとの間に、教員というつなぎ役（調整役）が存在してはじめて協働ができるのです。図4のように、重なりが生まれることにこそ実践的価値が

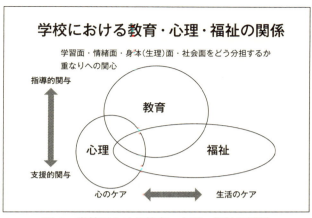

図4　学校における教育・心理・福祉の関係

あるといっていいでしょう。これは養護教諭や特別支援教育コーディネーター、支援員などに細分化されたとしても同様です。

(2) つながりと「個と環境の相互作用」

　生徒指導や教育相談ではよく「問題を抱える子ども」という標記がありますが、「問題を経験している子ども」（髙良麻子、2014）と書き換えてはどうでしょうか。その子どもが体験している（してきた）問題を軽減するために、その体験を見つめる際に多様な専門職の見方の重なりが大切となり、そのことを意識するためです。当事者の経験を感応する専門職自身の体験や科学的な知見が欠かせません。

　この重なりの部分に「つなぐ」という諸要素があるとすれば、これが「個と環境の交互作用」の着眼点になります。その際に交互作用をみずからが担っているかどうかが問われます。その局面にはいくつかの次元でのポイントがあります。

　第1に、ひとりの子どもをめぐる記録シートづくりとその協議を3者で行うことでそれぞれの役割が分かり、つながるための「準備」の時の気づきが協働の原点になります。

　第2に、たとえケース対応の中で相互の見立てに不具合や問題が発生しても、3者の関係の修復ないし回復や調整ができます。

　第3に、学校から「ケースを外部に出すこと」ではなく、子どもが安心して学校生活を送れるための学習機会や友情や連帯というテーマにも3者で傾注できる。

　よくある話ですが、スクールカウンセラーとスクールソーシャルワーカーのどちらに声をかければいいのかという問いがあります。その際、両者に声を掛けるという発想でいいと思います。そこを起点に両者が出会うことには、概して「教師の手元を離れると困る」「学

校の外での取り組みになると手が出せない」「多様な職種が子どもの生活に入り込むと子どもが混乱する」など、もっともな懸念もあります。しかしながら、子どもにどんな力を育てたいのかという提案は教育職が主に行うという基本方針で整理できると思います。

　学校は教師にとっては生活の場であり、心理職や福祉職にとっては業務の場（ミニ・クリニック型やサービス窓口型、生徒指導機能型、カウンセリングマインド伝授型、コンサルテーション型などいくつかのタイプがあります）です。チーム学校論は一見、校内における専門職間の分業化がイメージされます。しかし、分業は個別的な対処や独善的な問題解決的な取り組みを助長しかねません。教師の多忙化解消を目的とした分業論が生まれてしまっては、子どもたちと教師の「絆」が弱まります。そのためには学校の中で、教育職、心理職、福祉職の協業を担う力量が相互に問われます。誰がコーディネートをするのかにこだわるものではありませんが、あえて言えば学校では教師です。

　いずれにしても、自分に力を付ける貯蓄型「個力」ばかりに目がいくようではいけません。1人でやろうとしてしまいがちな人とどう一緒に取り組みをすすめていくのか。専門職の役目は、みずからがレールを引くのではなく、教師の引いたレールの上で、ところどころでポイントを切り替えることです。チームは子どもとの新たな出会いを生み出すところです。どの専門家においても子どもの新たな局面との出会いになる場がチームだと思います。

チームメンバーの間で共有したいこと

子どもの発達に寄り添うこと
問題を改善するという発想ではなく子どもにとって必要な支援を提供すること
子どもは子どもの中で育つこと
子どもを見つめる眼の重なりが新たな専門性向上の「芽」になること
自分は必要な人間なんだと子どもへ具体的にしめすこと
子どもの心と身体は日常の暮らしの中で育つということ
他者への評価よりも「ありがとう」の言葉が大切になること
ほめ言葉は上から目線、ほめることは相手を尊重すること
発達はできることが増えるだけでなく発達が進むとできなくなることもあること
周囲の大人が好きになる力を子どもに育てること
子どもにも育てたいチームの力について考えること

　先に述べたように、症状や症名を知ったらといって、その子どもの生い立ちや生活体験まで知り得ることはできません。本人の経験のなかに本人独自の子どもらしさやストレン

グス、よさがあります。家族との生活の中で固有に身につけた経験をどこまで読み取れるのか。私たちが本当の子どもに出会うためには、誰もが「子どもの発達に寄り添うこと」への着目が大切になります。教師のみならず他の専門職であっても、子どもの姿をマイナスの目で見ると、周囲の子どもや大人もそう考えてしまいます。「この子にはこんなこだわりがある」というのも、実は周囲の大人の見方の偏り（こだわり）かもしれません。

(3) 学校心理学のチーム援助とソーシャルワーク

　生徒指導や教育相談の領域では、学校心理学や学校教育相談のチーム論があります。
　学校心理学でいうチーム（石隈利紀、1999）とは「援助ニーズの大きな子どもの学習面、心理・社会面、進路面、健康面における問題状況の解決を目指す複数の専門家と保護者によるチーム」であり、チーム援助とは「複数の援助者が、対等な立場で援助目標や援助計画を協議し、それに照らしあわせて役割分担を行いながら、援助を進めるもの」です。そこでは3種類の援助チームが示されています。
　①特定の児童生徒に対し一時的に編成され、問題解決とともに解散される個別の援助チーム。
　②学校の心理教育的援助サービスの充実を目指して恒常的に機能するチーム。
　③学校全体の教育システムの運営に関するチーム。
　この②と③はシステムレベルの援助チームと呼ばれ、学校組織における心理教育的援助サービスに関する運営委員会や教育相談委員会、不登校対策委員会などがそれにあたり、学校組織の教育システムに関するコンサルテーションの機能をもつものです。
　学年会や立ち話会議などの一時的に編成され特定の個人に対する「個別の援助チーム」

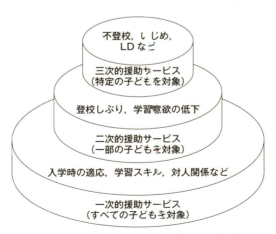

図5　心理教育的援助サービスの3段階

と、恒常的な委員会の「援助システム」とを区別します。ソーシャルワークでいうチームはそれらが一体化し、言い換えればネットワークです。臨床心理学との関係からみると、長期の心理療法を行うことはなく、外部の専門機関に紹介したり、深刻な問題をもつ子どもが学校生活を送るうえでのハンディを縮減することが、チームの目的として挙げられます。

こうしたチームの活動基盤において、学校心理学には3段階の心理教育的援助サービスがあります。図5のような3段階の構造です。1次的援助サービスとは、すべての子どもを対象にした援助サービスで、子どもの定型発達や基礎的な学習上の課題、たとえば入学時の適応や学習スキル、対人関係スキルなどへの援助です。2次的援助サービスとは、苦戦しはじめた子どもを対象にした援助サービスで、学習意欲の低下や登校しぶり、転校、帰国子女、家庭環境に悩みをもつ子どもなど、予防的視点を高め「ちょっと気になる子」と呼びあらわされることが多いと思います。3次的援助サービスとは、個別性が高い援助ニーズをもつ子どもを対象にするものです。不登校や学習困難・学習障害（LD）、発達障害、いじめ、非行などの重大な援助サービスを必要な子どもを対象とします。

どの段階で子どもに「関わるか」「関わってもらうか」という意識をスクールソーシャルワーカーなどがどう判断するのか。その際に、心理学でいう自己資源を活かした心理教育的援助サービスと社会福祉でいう社会的資源や法律を活かしたサービスという区分が生まれやすいと思います。しかしこの判断は教師の占有物や専権物ではありません。心理職や福祉職にとっても同様です。

4 チームをめぐる組織力の形成

(1) 個々の理解をめぐる組織的確認

　チームに問われるのは、組織的な決定や判断のあり方です。いじめ認知をめぐる組織的な対応という場面を例に、このことを考えてみましょう。以下は文科省がいじめ認知件数の再調査の際に示したいくつかの例示の1つです（文部科学省初等中等教育局「平成26年度『児童生徒の問題行動等生徒指導上の諸課題に関する調査』の一部見直しについて（依頼）」2015年8月11日より）。

> 　定期的ないじめアンケートにAくんがいじめを受けたと回答した。後日、Aくんに面談して以下の通り確認した。体育の時間、バレーの試合を行ったが、球技に苦手なAくんはBくんからミスを責められみんなの前でいやな思いをした。
> 　しかし、仲のよいCくんが「かわいそうだよ」と助けてくれて、それ以来、Bくんからいやなことはされていない。その後、Aくんもバレーがうまくなっていき Bくんに昼休み、バレーをしようと誘われ、それが楽しみになっている。

　この例示について、あなたは「いじめと認知するもの」「いじめと認知しなくてもいい」「わからない」のどれを選びますか。

　これは再調査の結果でも大きく意見が分かれた事例です。おそらく多くの読者が、個人としては「いじめとして認知するもの」を選択したのではないでしょうか。

　しかし、職場において「今は仲良くしているからいじめだといって事を荒立ててはいけない」「Cくんがいるからいいのでは」「バレーの試合中なら誰もが熱くなって厳しい言い方がでるのもよくあるのでは」などと、周囲から強く言われると「まあそうかなあ」になってしまわないでしょうか。具体的に、学年主任のクラスの出来事だったり、Bくんの保護者がいわゆる「クレイマー」だったり、PTAの役員だったりすると、いろいろな「思惑」が沸き立ってきます。「私的にはいじめだと思う。でも組織になるとその判断が……」。

　ほかにも、学校の年間計画に取り入れられるいじめアンケート（学校生活アンケート）において、アンケートに個人名を記入するかどうかをめぐる議論があります。子どもの筆跡から分かる、プリントのどこかに序列番号が打ってあるなど、いささか「？」な応対も

見聞きしますが、記名しない場合はしっかりした日常的な観察が問われ、記名する場合はその事実を尊重しかつあえて記名しないでいるかもしれない子どもへの注意力を高めねばなりません。

　いじめを受けた、とはなかなか語り出せず書き出せないことです。記入すると、その後に何が起こるかは子ども自身もわかります。それを承知でいじめの事柄を記載することは、多くの迷いと苦痛をともなうものです。その思いを想定した判断と事実を確認すべきです。みんなの前でいやな思いをすること、満座の中で辱めを受けることはとても辛いことです。

　「いまは楽しみになっている」というのは誰が何を根拠に判断したのでしょう。こうした誰ともわからない「伝聞」で考えてしまっていることはないでしょうか。

(2) 生活の質を高める具体的な提案

　問題の解決だけでなく生活の質の向上が求められるのが、家庭への支援です。ゴミ屋敷を大掃除したり、子どものネグレクトを改善するのは直接的な支援ですが、そのなかで子どもが家族とどのような体験をしてきたのか、その質の変わり目に力点をおきます。貧困問題はこの変わり目の局面にこそ着目すべきです。社会福祉的な対応は時間がかかると言われますが、何に時間がかかるのかという対象をきめ細かく認識する必要があります。これは「子どもや保護者を育てるソーシャルワーク」への意識化にあたります。

　支援はさまざまな場面で他者への「介入」であり、もともとあったつながり（人間関係だけではなく、ものの見方や感じ方、考え方、価値観など）を切ることにもなります。つなぐことはつなぎ替えであり、つながりを切ることでもあります。もともとあったつながりの速度に合わないつながり方、つまり、時間のかかる接着材もあれば速乾性の接着材もあります。類似するケースでも個人差が大きいことへの着目が重要になります。

　「鋏状格差」（中井久夫、2011）という言葉があります。『災害がほんとうに襲った時—阪神淡路大震災50日間の記録』のなかで「大きな衝撃を受けても多くの方が次第にそこから回復していくが、その一方、回復するよりも、より悲しみが深まっていく、日常生活を取り戻せない方がおられる状況」を示し、「日が経つにつれ広げた鋏の様にその格差が広がっていく」というものです。このはさみ状の格差は大災害後、時間の経過とともに、被災者のなかで「元気な人」と「落ち込む人」の差となって現れます。不登校をめぐる認知やネグレクトの判断、虐待通報、体調不良への対応などもその1つです。

　学校におけるソーシャルワークは子どもの学校生活をもとに援助サービスの向上をめざし、子どもの成長を促進する学校生活の質の向上を目的とします。生活の質の向上に対し

て学校が責任をもつ時に、ソーシャルワークは個別支援やチーム、校内委員会、校外連携会議、自治体会議のいずれのレベルにおいても活用できる方法です。教師がソーシャルワークを学ぶことはそこに一歩近づくことであり、スクールソーシャルワーカーを有効に活用する力を学校という組織自体がもつことにつながると思います。

以下、教師がソーシャルワークの視点を有効に活用するために、ケース会議というものをどうとらえればいいのかについて示します。

多職種によるチームは自己の専門性を磨く場

ケース会議などは自己のアセスメントを確認する場

情報の共有だけではなく目標や価値観を確認する場

人びとの「情」をあつかう場

人びとの生き方や暮らし、いのちをあつかう場

矛盾と向き合いつつも具体的に考える場

批判的な検討と対話ができる場

折り合いをつけるしなやかさが試される場

---

(3) ソフト・アイの手法

ソフト・アイとは馬術指導のときに使われる用語です。ぼんやりと見ること、一点を見つめて身体を硬くしないことです。ぼんやり見ると、肩や腕、手綱を握る拳から力が抜けます。緊張したときに深呼吸するような感覚です。そうすることで馬に緊張感を与えたり負担や邪魔をしないですむため、馬への「扶助」もしなやかになります。身体を前屈みに下を見ていては、馬には乗れません。障害飛越競技は障害物をたくさん飛び越えます。目の前の障害だけを見ていると10以上の障害物が配置されるコース全体が見えません。

これをわたしたちの事例検討に置き換えるとどうでしょうか。

「発達障害」だと見てしまうと視野が狭くなります。では「発達特性」と言い換えるとどうでしょうか。長年の経験や詳しい知恵があったとしても、医療的な診断の事実もないままに、安易に使われる言葉になっています。そして、周囲の人にもある種の緊張感と次の手立てを狭めてしまい、想像性を損なってしまいます。

また、チームは、意志決定チームや協議チーム、作業執行チームというように区別すべきものです（野中猛、2007）。チームにはいくつかの特徴やデメリットもあります。組織は構成員の凝縮性に力点がある場合、機能性に力点がある場合もあります。またそれぞれに縦の人間関係や調和、対人過敏、建前という面で違いがあります。色眼鏡、虫眼鏡、遠眼

鏡という言葉で示されますが、それは「色眼鏡―偏見や先入観のある見方」「虫眼鏡―隅っこや些末なところへのものの見方」「遠眼鏡―具体に触れず評論的な見方」です。

ケース会議や委員会や学年会で次の言葉が出てきたら、その話し合いは黄色信号ならぬ赤信号です。そもそも当事者のいないところで使用する言葉ではありません。それらは当事者の了解を取って使う言葉です。

赤信号の語句例

「様子を見ましょう」「ケースバイケース」「複雑な家庭」「経過観察」「〇〇へつなぐ」

この言葉が聞こえたとき、それは「ソフト・アイ」に立ち戻るきっかけになります。「様子を見ましょう」といった会話が飛び交う会議の様子を、保護者や子ども本人が見ていたらどう思うでしょうか。そのほか「見守る」「情報共有」「みんなで」「協力」といった言葉も、前が見えなくなったときによく出る言葉です。しかも、その理解には個人差が大きいため、結局誰が何をするのかがぼやけてしまいます。このぼやけることと「ソフト・アイ」とは別です。

ほかにも、会議などでよく見聞きする言葉を例にとって見てみます。「〇〇ちゃんのケース」という表現がその典型です。こうした表現をする専門職は、ケースをめぐる抱え込みへの認識に疎いと言えるでしょう。クライエントを親しく「ちゃん」づけすることはありますが、ここには他の関係者との距離が無視されている場合があります。さらに、会話の中で「片親」「母子家庭」を「ひとり親家庭」と表現するかどうかも問題になります。

また、自らの力量不足にもかかわらず、他のメンバーへの憤りや「誰それが言ったから」という他責を語ることにも気をつけなければなりません。ほかにも、真実を相手に伝えることは難しく、「正しいことを言うときは慎重に」とも言われます。特にソーシャルワーカーからも「調整します」という言葉がよく聞かれます。これも日程調整のようでは何事も動きません。また、「代弁・代理」ともいいますが、代わりに自分がやってしまうことが本当にいいことなのかどうか。こうした言葉1つをとっても、いろいろと振り返る機会になります。

5 チーム学校の時代を迎えるために

(1) アクティブ・ラーニングとチーム学校

　教師がそもそも馴染んできた「チーム」は、学習指導の場面でしょう。今日、知識の量を問うのではなく、社会の成長を支える「新しい知・価値」を創造する教育がめざされています。具体的には、アクティブ・ラーニングを活かすための協働です。これまでにもチーム・ティーチング（TT）や習熟度別少人数指導、少人数学級などがありましたが、アクティブ・ラーニングの枠組みはそれらとは異なります。学校で子どもたちに育てる学習行動の様式であるとともに、学校にかかわる多様な専門職の行動様式に強く影響を与えます。教師の学び方が子どもの学び方、さらには保護者の学び方にも転じていくことが目論まれているからです（だからこそ何を学ぶかの内容が大切です）。

　以下は、中教審が示すアクティブ・ラーニングの視点です（「チームとしての学校の在り方と今後の改善方策について（答申）」2015年12月）。チーム学校の行動基準やケース会議のすすめ方と重ねてみるとどうでしょうか。おそらく多様な専門職による共同思考に役立つ組織のあり方が示されていると思います。長年続いてきた生徒指導と学習指導は組織的対応の点では別のものという風潮に、少し風穴が空けられるかもしれません。

> ⅰ）習得・活用・探究という学習プロセスの中で、問題発見・解決を念頭に置いた深い学びの過程が実現できているかどうか。
> ⅱ）他者との協働や外界との相互作用を通じて、自らの考えを広げ深める、対話的な学びの過程が実現できているかどうか。
> ⅲ）子どもたちが見通しを持って粘り強く取り組み、自らの学習活動を振り返って次につなげる、主体的な学びの過程が実現できているかどうか。

　子どもたちがお互いに認めあう、その安心感がない空間ではアクティブ・ラーニングは成立しません。アクティブ・ラーニングとは、学力向上の方法ではありません。

(2) 中立性や公平性に立脚したチーム

　チームには中立性の機能が欠かせません。各人の力量や各専門性の保持においても欠か

せません。さらに公平性に依拠するには、相当な広い専門性をもつコーディネーターが求められます。いずれもケースに出てくる当事者の知る権利の保障につながります。見立てやアセスメントが偏らないという意味での中立性や公平性だけではありません。

　公平性とは、子どもの「生活現実」に根ざす視点です。教師（指導者・支援者）が子どもを実践対象（客体）として把握するのではなく、子どもの目や視点を通じて子どもが生活改変をめざすことです。学校が子どもにとってみずからの環境の変革をめざす発信基地になるには、子どもにとって学校が「自分たちでつくりかえる場」「失敗から学ぶことを保障する場」となり、そうした自由や安心・安全な場でなければなりません。したがって、生きづらさや困難、差別、排除、権利侵害、虐待、貧困といった事象が直に学校へ持ち込まれることは、安全な学習の場を弱体化させます。

　教育職が福祉職とチームを組んで子どもたちと接するとき、健康や服装などから生活の様子をイメージして読み取ってもらうとよいと思います。以下はその際の視点です。こうしたことが守られてこそ、教師の公平性（広くは第三者性）やその気づきが保たれるといえます。

自らの公平性に気づくための子どものとらえ方

- 適切な言葉で説明を受けることができる
- 困ったり不安に思っているときに相談をして支援を受けることができる
- 自分の要望にあった援助を受けることができる
- 言葉による辱めや身体的な暴力を受けない
- ルールやしつけ、責任を理解できるように働きかけてもらうことができる
- 自分にとって必要な情報や知識を得ることができる。
- プライバシーが守られる
- 自分のことについて話し合う場に参加することができる
- 自分の思ったことや感じたことを自由に表現できる
- 冬には暖かい服を着たり、楽しいレクレーションに参加できる
- おいしい物をおなかいっぱい食べることができる
- 間違っても失敗しても適切な助言や支援を受けることができる
- 楽しい授業・わかる授業を受けることができる
- 地域の文化や歴史、伝統、自然に親しむことができる
- 友だちや周囲の人を尊重することができる
- 嫌がらせや孤立などの被害を受けない
- 仲間をつくり、集まり、活動することができる

・安心して過ごせる時間や居場所を持つことができる

(3) Matureな人が望まれる

　海外のスクールソーシャルワーカーに「ワーカーにはどんな人が求められますか」と尋ねたところ、Matureな人という回答がよくかえってきます。Matureとは「完全に発達した、円熟した、分別のある、熟成した、熟した、成熟した、熟慮した、賢明な、慎重な」とか「人格・知識・技術などが円満に発達し、豊かな内容をもっていること」という意味です。ほかにも「子どもが好きな人」「足らざるを知ることができる人」（佐々木千里、2015）をはじめ、下記のような項目が挙げられます。

どのような人が求められるのか

> Matureな人／子どもが好きな人／知らざるを知る、足らざるを知ることができる人
> 他分野に知人や信頼して相談できる人が多くいる人
> 「地域を育てる子ども」を育てたい人
> 人の「生き方について」想像力がもてる人
> 本をたくさん読む人
> 子どもは子どものなかで育つことに関心のある人
> チームを築き、チームの一員であろうとする人

(4) 対話をつくるサークルや研修会づくり

　複数の専門職が共通した指針や目的を生み出そうとするのは、ケースや事例の実際だけではありません。教師が福祉職や心理職とその気づきを共有するには、「子どもの貧困」や多様な学習機会、いじめ、格差社会、若者の生きづらさ、シングルマザー、障害者差別解消法、介護問題、そして何気ない会話のなかでも共通する指針などをさぐることができます。これは、チーム学校論に求められる学習方法ともいえます。

　今日「合理的配慮」という言葉があります。障害者差別解消法が2016年4月1日から施行されており、この言葉を単なる日本語として聞き流すことはできません。具体的な行為や行動の見える支援や援助を「形」で示すことが問われています。「心づかいがあって良かった」「話を聞いてもらって少し楽になった」というレベルでは、この言葉の現実の見直しには至りません。「配慮」とは支援者側による心づかいではありません。当事者が社会や他者からのケアを受け、それが役立っていると思える配慮がなされているかどう

か。誰しも支援してもらうとつい恐縮して遠慮してしまうことがあります。それでは「合理的」とは言えません。個人として自分に何ができるのかも大切ですが、こうした支援システムをつくる組織や社会の一員としてどう動くのか。これは専門職に限らず地域の誰もが（子どもや若者も）受け止めていきたいことです。

　障害者差別解消法のように、教育職、福祉職、心理職、医療・保健職、保護者、地域住民、行政関係者すべての人びとに網のかかる包括的な法規は数多くあります。これは改めて私たちに緊張感と学習意欲を喚起します。先に挙げたいじめ防止対策推進法も同様です。

　もう1つ、チーム学校をめざした営みとして急務と言えることがあります。それは異職種の複合的な職能団体づくりです。それぞれの専門家集団から1人ずつ出てきてチームをつくることには慣れていますが、その専門家集団自体が一緒になることも大切です。1つの職種の結束にこだわらず、子ども・学校支援者組織をつくることです。そのことでそれぞれの勤務条件、業務環境について相互に連携して行政に働きかけることも可能になります。異業種・異領域の多様な職能団体が、あるテーマで集合する研修の実施というレベルから、ある学校の教師とカウンセラーとソーシャルワーカーのお茶会的サークルづくりのレベルに至るまで、その実施を提唱したいと思います。

　日本ではその意識化が進んでいませんが、スクールソーシャルワーカーの業務はその個人を示すのではなく、たとえばスクールソーシャルワーカーをチーフ（あるいはコーディネーター）にした心理職と司法職と精神科医療従事者などのユニットチームが学校にやってくるというイメージです。その具体化において、まず小さな多職種集合のサークルづくりはいかがでしょうか。

　自分はプロだから自分の力で解決しようとするというのは、専門職にはほど遠い認識です。「犬も歩けば棒に当たる」の棒とは、同じ悩みをもつ人のことです。この棒を見逃さない人、棒の存在に願いがもてる人、棒に声を掛けることができる人になること。教師にとってソーシャルワークの学びとは、棒の発見とそこからはじまる協働です。学校を楽しくやりがいのある職場に塗りかえていくために。

［参考図書］
　石隈利紀『学校心理学』誠信書房、1999
　中井久夫『災害がほんとうに襲った時―阪神淡路大震災50日間の記録』みすず書房、2011
　文部科学省中央教育審議会答申「チームとしての学校の在り方と今後の改善方策について」2015
　野中猛編『図説ケアチーム』中央法規、2007
　佐々木千里「学校におけるソーシャルワークの実践」鈴木庸裕編『スクールソーシャルワーカーの学校理解』ミネルヴァ書房、2015
　髙良麻子「関係機関との連携」鈴木庸裕・佐々木千里・髙良麻子編『子どもが笑顔になるスクールソーシャルワーク・教師のためのワークブック』かもがわ出版、2014

第2章

人と人とをつなぐ専門性
―相手の気づきに働きかける秘訣―

1 問題を包括的にとらえる視点

(1)「なぜ?」の向こうに、見えない何かが見えてくる

　学校には、さまざまな子どもたちが集います。ですから教職員は毎日多くの問題に直面し適切な対応を求められ、迷いや悩みはつきません。そのような現状に対して新たな教育計画や新規事業が次々に打ち出されるのですが、学校現場に「やらされている感」がある場合、直ちに歓迎できるものとは限りません。では、どうしたらいいのでしょうか。

　学校現場では、教職員が「これがいい」という実感をもち、「これをやろう」と主体的に何かに取り組んだとき、すばらしい効果をあげます。とくに、教職員自身の中から生まれたひとつの「気づき」から出発する取り組みが、期待以上の成果を上げている事実を目の当たりにすることが少なくありません。

　この章では、子どもの対応に悩む担任の「気づき」を意識したスクールソーシャルワーカー（以下、SSWr）の働きかけと、その担任自身のニーズへの支援の実際を論じます。読者のみなさんは、担任自身のなかに生まれたひとつの「気づき」から、以下を意識しながら読み進んでください。

　①どのような相互作用・交互作用が生じ、学校現場にどのような変化がおこるのか、

　②そのプロセスの中でSSWrの専門性がどのように発揮され、

　③教員の専門性がどのように高まっていくのか。

　なお、本文では SSWrの主な働きかけ（アミかけで示します）と、**教員の気づきや主体**

的な動き、考え（太字で示します）を会話の形式や図式や要点整理といったいくつかの書式で示します。

> C担任：教師歴5年の女性教員。昨年、他の小学校から異動し2年生を担任していた。今年は4年生を担任しており、クラスのA男さんのことで悩んでいる。

経過

> ①A男さんは、新学期が始まった直後から授業中も落ち着かず、集中して学習に取り組むことができないうえ、宿題もやってこないため学習も遅れがちです。朝からイライラしているときはC担任の注意にも耳をかさず、言葉が荒いために友だちともすぐにケンカをします。
> ②C担任は家庭との連携を意識して、毎日のように母親B子さんに連絡をして、B子さんからもA男さんに注意をしてほしいと伝えてきました。
> ③しかし、A男さんの態度はますます悪くなっているように思います。
> ④5月の連休以降は、遅刻や欠席も増えてきましたが、B子さんの携帯電話に連絡しても、なかなかつながらなくなりました。
> ⑤A男さんの家庭は母子世帯で、中学2年生の姉がいます。

まだ5月だというのにA男さんへどう対応したらいいのかわからなくなったC担任は、この春から週1回水曜日に勤務しているSSWrに相談してみました。するとSSWrは「**なぜでしょうかね？**」と言いました。「答をくれないの？」と思いながらも、たしかに「**なぜ？**」と考えると、知りたいことが出てきます。

C担任はまず「**なぜ、A男はイライラしているのだろう**」と考えました。SSWrは、「**以前の担任の先生のときはどうだったんでしょうかね？**」と続けました。そこでC担任は、今年度は1年生の担任をしているA男さんの前担任に聞いてみました。

> 前担任：A男さんは、イライラして登校するときは、「おかあさん、むかつく」などとブツブツ独り言のように文句を言っていましたよ。
> C担任：だとしたら、A男さんはどんなときに母親B子さんにむかついたのでしょうか。
> 前担任：少なくとも、何か問題を起こして学校から家庭へ連絡した日の翌日は必ずと言っていいほどでしたね。B子さんが厳しく注意してくれていたんじゃないですか？
> C担任：それで、家庭と連絡をとる中で、いつぐらいから、どんな効果がありましたか？
> 前担任：いや、イライラして登校した日は友だちとのケンカも多く私にも反抗的で、ま

【図1　A男～学校～家庭との関係図】

た家庭に連絡しなくてはならず、結局B子さんも私に不信感をもってしまったようです。

　前担任の話からC担任は、**A男・学校・家庭との関係が悪循環になっている**ことに気づきました。少なくともA男さんのイライラは改善するどころか悪化しているのです。

　たいていの子どもは、授業中は集中して取り組むことや宿題をやってくることが大切だと教えられ、注意されたら「しまった！」と思い、気をつけるようになります。でも、**なぜA男さんには注意の効き目がないのでしょうか**。C担任は考えました。「もしかしてB子さんのしつけが甘いのだろうか？　いやA男さんはもともとやりにくい子なのだ。いや私の指導力のなさかもしれない……」C担任は頭を抱えました。そして「それにしてもB子さんは学校からの連絡を無視するのは常識がない。こんな親だからA男さんもいいかげんなのだ」とB子さんへの怒りが頭をもたげます。まさに三者の関係の悪循環です。

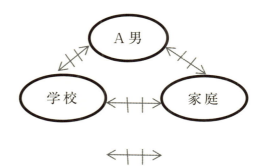

イガイガ線はストレス関係を示す
図1　A男～学校～家庭との関係図

C担任：三者が悪循環になっているのはわかりました。結局、誰が悪いのでしょうか？
SSWr：そうですね、悪循環をなんとかしたいですね。ところで、C先生は子どもの頃に学校で叱られたことはありますか？
C担任：ええ、それは何度かありますが。
SSWr：注意した先生に不満をもったことがありますか？
C担任：ありますね。家のことで私もイライラして、担任の先生に反抗していた時期がありました。でも、今だからわかるのであって、そのときは担任が悪いと思っていました。
SSWr：子どもであっても生活者ですし、5歳なら5歳の、10歳なら10歳の人生がありますよね。もともとみんな違う存在だし、みんな違ういろいろな事情がありますよね。

　C担任は思い出していました。かつて父の勤める会社が不況の影響で厳しい経営状態になったときに、父方祖母の介護の問題も浮上し、毎日父母が言い争っていたことを。当時小学生だったC担任には大きな不安とイライラ感があり、ちょっとした担任の言葉にも腹が立っていたのです。ほどなくして父の会社の経営も落ち着き、祖母の介護もヘルパーさんに手伝ってもらうようになり、いつのまにか元の日常にもどりましたが。

SSWr：私たちの生活は、自分と周囲とのさまざまな関係の中で影響を受けたり与えたりしながら成り立っています。たとえば私たち個人に目を向けると、体調が悪いときは精神的にも辛いですし、悩みがあるときは体調に表れることがありますよね。心や身体の調子が悪いと周囲との関係に問題が生じることもあるし、またそれがストレスになる。つまり、私たちの心と身体、周囲との関係は日常的に互いに影響しあっているということです。ですから人の生活上の問題について、どれか一つに絞って原因や理由を求めることに無理があるのです。

C担任：なるほど、よくわかります。

SSWr：だから人の生活の問題を解決したり、改善したりしようとする場合、「なぜ？」と考えることは重要です。そして、そのこたえをひとつの要因に求めず、広い視野で「人と環境」との立体的な関係全体から理解していこうという視点、つまり問題を包括的にとらえる視点が必要なんです。これはソーシャルワークの考え方なのですが。

C担任：でも、本人から相談がないと、抱えている問題さえもわからないですよね？

SSWr：私たちは生活上の問題を抱えて本当は困っているときほど、イライラしたり怒りっぽくなったり、逆に沈んでしまったりしませんか。そんなときは、周囲から見ると「困った人」に見えているかもしれません。

C担任：自分自身、困っているときほど自分でそれに気がつかないこともあります。そうか、困った人は、本当は困っている人なんですね。そう考えると、子どもは大人よりも、ずっと困っている場合が多いかもしれません。

SSWr：C先生、私もそう思いますよ。「困った人は、困っている人」と理解すると、「何に困っているのだろう？　なぜ困っているのだろう？」という考え方に変わりますよね。

C担任：A男さんや母親B子さんが、困っている人だとすると、いったい何に困っているのでしょう？

　C担任は、A男さんについて「注意をしても効果がない」理由を、「注意がA男さんを困らせているから」ととらえてみました。ならば困らせる要素はどういうものなのでしょう。そもそも「授業に集中できない」「言葉が荒い」のはなぜ？　さらに「遅刻や欠席が増えた」のは何に困っているからでしょうか。母親B子さんが、携帯電話に連絡してもなかなかつながらないのは、何に困っているからでしょうか？　C担任には、知りたいこと、理解したいことがどんどん増えてきました。そんなC担任に、SSWrはもう少し情報を集めてみることを提案しました。

(2) 課題も互いに影響し合っている

　翌日から、C担任は、A男さんについてもっと知りたいと思い、同じ学年の先生方に聞いてみたり、前日のSSWrの助言を受けて金庫に保管している指導要録なども調べて、事務職員の方にも聞いてみたりしました。すると次のようなことがわかりました。

> 　A男さんは小学校2年生の夏休みまでは、欠席もほとんどなく学習面も生活面もとくに困る状況ではなかった。現在の小学校には、彼が2年生の夏休み明けの9月に転入してきたが、そのとき保護者は母親B子さんだけだった。転入したときは、B子さんは毎日パートに出ているということで、就学援助の手続きをされた。しかし、昨年の4月からは生活保護を受給されている。

　C担任には、母子世帯となったA男さんの家庭が経済的に困窮していったことは想像できましたが、転入後のA男さんとB子さんの望ましくない「変化」に、「なぜ？」と疑問を感じました。しかし、C担任には、母子世帯の抱える問題が実感として理解できません。次の水曜日、「どういうふうに考えればいいのでしょうか？」とC担任はSSWrに尋ねてみました。するとSSWrは次のようなことを話してくれました。

> 　社会的な問題となっている「子どもの貧困」という言葉を聞いたことがあるでしょう。これを包括的にとらえてみましょう。すでに、厚生労働省や内閣府などの多くの研究結果から、その背景に「経済的貧困・母子世帯」「貧困の世代間連鎖」「高校卒業未満」「10代の出産」「DV被害」「親の精神疾患」「不適切な養育」などの要素が絡み合っていることが明らかにされ、また個々の事例では、それら一つ一つの要素が相互に影響しながらさらなる問題を生み出していることが指摘されています。つまり、「子どもの貧困」の問題は「経済的な困窮の問題」に限定することができないということです。

C担任：ということは、A男さんの家庭も経済的なことだけではなくて、他の何かにも困っているのもしれないということですね。しかも、A男さんは遅刻や欠席が増えているのですから不安です。でも、まだ状況が見えないのです。
SSWr：A男さんや母親B子さんのお話を聞いてみたいですね。
C担任：それは難しいです。少なくともA男さんについての私からの家庭連絡は、三者の悪循環の要素になっているようですから。
SSWr：では、C先生からの連絡が、A男さんとB子さんにとって嬉しいものなら三者の

関係が改善すると考えればいいのですね。

　C担任は、A男さんの問題点ばかりに注目しがちな自分に気がつき、A男さんが登校したときは、A男さんのステキなところに目を向けてみました。すると、A男さんのふとしたときの優しさや気配りがすぐに見えてきました。C担任は、A男さんに手伝ってもらって助かったことや、友だちに優しくしたことなどをB子さんの携帯電話の留守電にさりげなく入れていきました。1週間もするとB子さんが電話に出てくれるようになりました。

　それからA男さんの欠席も少しずつ減り、B子さんとの面談や日常の会話ができるようになると、少しずつ見えてきた事情がありました。C担任は、以下の内容をSSWrに話しました。

> 　母親B子さんは、夫のDVのために離婚した。離婚に至るまでは毎日が苦しかった。やっと解放されて安心できるはずだったが、一人で働いて子ども二人を育てるというのは思った以上にたいへんだった。二人の子どもを抱えて正社員で働けるところはなかなか見つからない。そのうえ最終学歴は中学校卒業だ。高校を中退してA男の姉を産み、前夫と結婚してから実家とは疎遠のままである。前夫から離れるために引っ越ししたので、近所に親戚も知人もいない。だんだん気持ちが暗く苦しくなって体調もこわし働けなくなった。子どもたちの世話もちゃんとできていないのはわかっているけれど、これ以上がんばれない。子どもたちは学校へ行ったほうがいいと思うけれど、自分たちでがんばってほしい。今まで学校からの着信があると、胸がドキドキして苦しかった。かんべんしてほしいと思っていた。そんなときはイライラしてA男にきつく当たってしまう。でも、近頃C担任がA男のことをほめてくれる。A男は小さいときから優しい子だ。それをC担任がわかってくれるのは嬉しいと感じている。

SSWr：そうですか。C先生にB子さんが少しずつ心を開いてくれてよかったですね。B子さんもたいへん辛い状況であることがわかりました。電話にも、出なかったのではなく、出られなかったのですね。

C担任：自分のイメージで勝手に思い込むと、人に対して全く間違った理解をしてしまうことがわかりました。やはりA男さんの家庭にも、経済的困難だけではない、多様な課題が絡み合った背景があるということがわかりました。

SSWr：B子さんも辛いけれど、A男さんたち子どもも辛いですよね。DV家庭にいる子どもは心理的虐待を受けていると考えます。つまりA男さんと姉は虐待環境にいたのです。このときの影響は家庭環境が変わってもしばらく続くと言われています。また生活環境

も学校環境も変わり、母親B子さんの状況も悪くなっているのですから、子どもたちはそれらの影響も強く受けているはずです。A男さんの気になる言動もそういうとこからかもしれません。注意を続けるだけでは悪化するのもわかります。

C担任：そうだったのですね。DVや虐待の影響のことはよく知らないので勉強しなくてはなりませんね。それと、私自身はB子さんの孤独を強く感じました。

SSWr：人は一人では生きていけない、とよく言いますね。どんな人も「つながり」を必要としていると思いますよ。

C担任：私は少しつながれたのでしょうか。B子さんとは話ができるようになりましたし、A男さんの話も聞けるようになって、以前よりA男さんも私にあたらなくなりました。

SSWr：「つながり」ができたのだと思いますよ。とはいえ、B子さんの「子どもたちの世話もちゃんとできていない」という言葉が気になりますね。ネグレクトの可能性もあります。「イライラしてA男にきつく当たってしまう」というのは、具体的にはどのような関わりなんでしょうか。身体的または心理的虐待である可能性も視野に入れるべきと考えます。

C担任：虐待だったら、どうなるんですか？

SSWr：通告のうえ、関係機関と連携して支援することになります。

C担任：でも、B子さんは精一杯がんばっていると思いますよ。

SSWr：親ががんばっているかどうかが問題ではなく、子どもにとってどうかが重要です。しかも、がんばっていても世話が難しいのであれば、支援を必要とする人なのです。

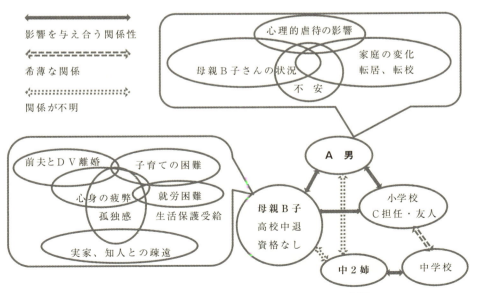

図2　C担任が把握したA男さん、B子さんの状況

C担任：そのように考えるのですね。本当にいろいろと複雑なのですね。

SSWr：C先生のお話を聞きながら、状況を簡単に図（図２）にしてみましたがどうでしょうか。問題を包括的にとらえると、多様な立場による支援が必要だと分かりますね。

C担任：ほんとですね。どう考えてもＡ男さんや家庭への支援は私一人では無理です。それに、この図では中学生の姉のことがわかりませんね。姉はどうなんでしょうか。

SSWr：だから姉の通う中学校、関係機関との連携は大切ですよね。

C担任：今回のＡ男さんへの対応で、校内の体制についても、私なりに気づくことや思うことがあります。

SSWr：そうですか、それはぜひ聞かせてください。

１の要約

○SSWrは、C担任の視点が変わり、視野が広がるように問いかけた。

○C担任は、自分自身の体験をふまえて問題を包括的にとらえる必要に気づいた。

○C担任は、同僚、Ａ男さん、母親Ｂ子さんとの「つながり」をつくった。

○SSWrは、C担任に専門的知識を伝達した。

○SSWrは、状況を可視化して見せた。

○C担任は、状況を包括的・論理的・客観的に理解した。

2 「つなぐ」とは「つながり」をつくること

(1) 子どもの利益となる「つながり」とは

C担任：SSWrの助言で、私は前担任やA男さんに関わっている先生方に話を聞いてみました。指導要録などの文書記録も調べてみました。そうしたら、いろいろなことがわかりました。でも、こういうことはA男さん以外の子どもたちにも必要なのではないかと思うのです。残念ながら、現状では校内で年度から年度へしっかり引き継いだり、一人の子どもについて関係者間で共通理解をはかったりすることはしていません。

SSWr：なるほど、そうでしたか。それ以外に何かお気づきですか？

C担任：私は正直A男さんのことでずっと悩んでいました。でも、相談相手として最初に選んだのがSSWrだったんです。結局、私自身が同僚とつながっていなかったのです。

SSWr：つまり、C先生は、校内システムとしての「つながり」と、C先生個人の「つながり」について課題意識をもたれたのですね。

C担任：はい、誰ともつながっていなかった私は、困ってA男さんにとってマイナスの働きかけを続けていました。A男さんにとってプラスの働きかけは、私がSSWrとつながり、いろいろな先生とつながることで見えてきて、その後母親B子さんとつながることでわかってきたのです。だからまず「学校の中でのつながり」が大事だと思えたのです。

SSWr：つまり、子どもに関わる人たちのつながり、中でも学校の中のつながりが、子どものプラスになるということなのですね。

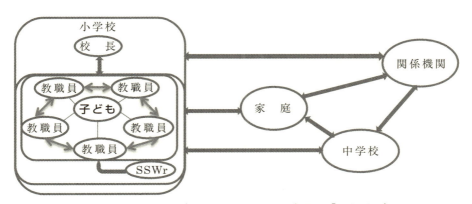

図3　C担任が子どものために必要だと考えた「つながり」

C担任：はい、絶対にそうだと思います。
SSWr：私もそのとおりだと思いますよ。一人の人間だけで短期間に子どもや子どもの家族のこれまでの人生を変え、それぞれの未来を保障することはできませんよね。
C担任：それに、SSWrが言っていた姉の中学校との連携も急がなくてはならないと思います。でも、今のところ中学校とどうしたら「つながり」ができるのかわかりませんし、通告とか関係機関との連携なども具体的なイメージがわきません。
SSWr：たしかに関係機関との連携については、ネットワークの仕組みやそれぞれの機関のことを知っておきたいですよね。校外との連携は、担任個人でするものではありませんね。校長先生の承諾が必要ですから、校長先生にも「つながり」の意味や連携についてご理解いただくことが大事ですね。

(2) つながるための「準備」の部分で、なにがみえるか

　C担任は「今まで、つながりを意識しなかったのはなぜなんだろう」と考えてみました。まずは自問自答です。その中でC担任は、自分のこれまでの考え方がいわゆる「学校文化」といわれるものなのかも知れないと思いました。自分も同僚の先生方も、みな一生懸命子どものことを考えているのは間違いないのですが、改善すべきは改善しなくてはならないのだと気づきました。

C担任：SSWrは、つなぐ人と聞いていました。でも、SSWrと話しているうちに、私自身がA男さんやB子さん、同僚の先生方とつながりたいと思うようになりました。
SSWr：それは嬉しいです。私が大切にしているのは、子どもの利益となる「つながり」ができることです。私自身が、先生方と子どもや保護者の間に入ることではありません。
C担任：そうだったのですね。これからは、「困った子どもは、困っている子ども」ととらえ、抱えている課題を包括的に理解していこう、そのためにはいろいろな人とつながっていこうと思いました。そうすることで子どもたちの可能性を引き出してやりたいです。でも、自分だけが思っていても相手がそう思わなければ「つながり」はできないと思います。
SSWr：「つながり」について、C先生のお考えを聞かせてください。

【C担任の自問自答】

> Q1．私は、今までなぜ同僚に相談しなかったのだろうか
>
> A1．自分で判断してどんな問題も解決するのが、担任の力量だと思い込んでいたかも。だから相談するということは、力量のない教師だと思われたくなかった。SSWrは教師ではないから、相談しやすかったのだ。
>
> Q2．私は、今までなぜ自分が担任する子どもについて、前担任や元担任に聞かなかったのだろう。また、なぜ自分が担任した子どもについて、次の担任にていねいに引き継がなかったのだろう。
>
> A2．担任の力量で学級運営するのだから、過去のやり方や過去の状況を知る必要はないと考えていたのかもしれない。
>
> Q3．私は、今までなぜ子どもや保護者の言動を「なぜ？」と考えなかったのだろうか。
>
> A3．学校では、個々子どもや家庭の事情より、「教師のつとめ」をしっかりやることを最優先してきたのだと思う。それを理解しない相手の方がおかしいと考えていた。
>
> Q4．校内での情報共有や、引き継ぎのシステムがないのはなぜなのか。
>
> A4．教職員が、自分と同じような考え方をしているのではないだろうか。
>
> Q5．中学校や関係機関とつながるイメージがないのはなぜなのか。
>
> A5．今まで必要だと考えたこともないし、経験したこともない。中学校や関係機関のことがよくわからないから。
>
> Q6．自分は、教師の仕事を一生懸命、誠実にやってきたか。
>
> A6．自分なりに、一所懸命やってきた。でも、これまで「事情や背景に気がつかなかった」子どもが何人もいる。申し訳なかったと思う。

(3) 互いにつながりたいと思うために

　C担任は、A男さんとも、B子さんとも「つながり」ができなかった頃のことを振り返ってみました。A男さんには「注意」を繰り返しました。B子さんにはA男さんの問題を伝え続けました。どちらも正しいことだと信じ、C担任の正義を相手にわかってもらうことに一生懸命で、相手の事情は気にしていませんでした。

　今、C担任は相手を理解しようと思うことなしに「つながり」はできないということに気づきました。A男さんのことも、母親B子さんのことも、C担任が相手を理解したいと思ったから、つながりたかったのです。「理解すること」と「つながり」は双方向でした。

　相手のことを知りたい、わかりたいと思えば、相手の話に耳を傾けます。相手のことを観察します。母親B子さんの事情がわかるようになったのも、C担任がB子さんの話を一生懸命聴いたからです。それともうひとつ。人は、自分に関心をもって理解しようとしてくれる相手であれば、つながりたいと思うのではないでしょうか。三者が悪循環の関係のときは、互いに受け入れることはできませんでした。A男さんにとってC担任が自分を認めてくれることは安心を伴った「つながり」となったのでしょう。

2の要約
- C担任は、内省の中で、C担任自身と、校内システムとしての「つながり」について課題があると気づいた。
- SSWrは、C担任の「気づき」を確認し整理をした。
- C担任は、「つながり」のためには、相手を理解しようと思い、相手の話に耳を傾けることが大切だと気づいた。
- C担任は、こちらが相手に関心をもち、理解しようとすれば、相手もこちらとつながりたいと思うはずだと気づいた。

3 つながる相手を理解するとは、どういうことか

(1) 相手の役割・機能、立場、関心・着眼点を理解する

C担任：A男さんや母親B子さんを理解したいと思ったとき、母子世帯が抱えているかもしれない困難についてSSWrから話を聞けたことはよかったです。実際のB子さんの話の中で、A男さんがどんな思いをしてきたのか、B子さんがどんな人生を送ってきて、どんな辛さを抱えているのか、**もし自分が相手の立場だったらと考えることができました**。

SSWr：私もC先生のように相手の立場になって考えようとします。それにはやはりある程度知識も必要です。たとえば暴力や虐待の影響であったり、発達上の特性であったり、ある条件下で抱えがちな困難などについての知識があると、個々の事情に照らし合わせながらも相手の立場をイメージしやすくなります。

C担任：私は、特別支援教育に関わって発達上の特性についての知識は少しありますが、**虐待のこととか家庭のことに関する知識はほとんどありません**。

SSWr：おそらく教職課程や教員研修ではそのようなことはあまり深く取り上げていないと思いますよ。でも、学校現場では必要不可欠な知識です。それと法律のことも知っておく必要があると思います。

C担任：教育法規以外で、学校現場に必要な法律があるのですか？

SSWr：子どもも生活者ですから知っておくべき法制度はたくさんあるのですが、少なくとも児童福祉法や児童虐待防止法（児童虐待の防止等に関する法律）は必須知識です。とくに後者には児童虐待の発見や通告に関する学校や教職員の努力義務や守秘義務、連携に関する規定等が書かれています。

C担任：そんなことが書かれているなんて知りませんでした。教師は知っておかなくてはいけないのですね。でも私だけでなく同僚の先生方の多くも同じように知らないと思います。

SSWr：関係機関と連携するためには、法制度に基づくそれぞれの機関の役割や機能の理解が必要です。そうするとその機関の人の立場や関心・着眼点がわかります。

C担任：小学校だと児童相談所くらいしか連携しないのではないでしょうか。私は連携した経験がないのですが、周囲から連携してよかったという話を聞かないのは、相手の機

関のことを知らないからでしょうか。
SSWr：たしかに、互いの立場や関心・着眼点を理解できず、それぞれの伝えたいことがかみ合わない連携の場に出会うことがあります。そういうときは、学校も児童相談所などの機関の役割や機能を正しく理解していないと思いますし、機関の方も学校の機能や役割を理解していないと感じます。そんなときのSSWrは、まるで通訳のようです。
C担任：やはり互いに理解しようと思わなかったら、つながれませんね。
SSWr：ほんとにそのとおりですね。子どものために、子どもを真ん中にしてつながるためには、人も機関も互いに理解しあう意識が不可欠だと思います。

　C担任は、機関連携など経験がないうえ、**関係機関の役割・機能、立場、関心・着眼点をほとんど知らなかったことに気づき、それらを理解しなければ、良いつながりができない**と考えたのでした。

(2) 相手の気持ちを理解する

C担任：関係機関との連携のことはこれから経験するのだと思いますが、**私は人とつながるためには、やはり相手の気持ちを受け止め理解することが大切だと思います。**
SSWr：私もそう思います。良い「つながり」には、必ず温かい気持ちの交流があります。子どもの思いを受け止め理解することなしに子どもとつながることはできませんし、保護者とつながるときは、保護者の思いを受け止めることからですね。関係機関との連携でも、その機関の人の思いを理解しようとします。立場や役割が違っても、みな子どもの幸せを願って連携するのですから。
C担任：そうですよね。ともに子どもを思う気持ちを理解しあったらつながれますよね。

３の要約
○SSWrは、C担任に、相手を理解するためには、知識が必要だと伝えた。
○C担任は、つながる相手を理解するとは、相手の役割・機能、立場、関心・着眼点など知識として知っておくことが必要だと気づいた。
○C担任は、つながる相手の気持ちを理解することが良いつながりを作ると確信した。

4 「気づき」のもたらす可能性

(1) 内発的動機づけが人を動かす

　学校教育目標に「主体性」を掲げている学校は少なくありません。主体性とは、自分の意志や判断で行動しようとする態度を言いますが、そのような態度には前向きなエネルギーを感じます。これは、大人であっても子どもであっても同様です。

　私たちが主体性を発揮するためには、その動機が自分の中にあること、つまり内発的動機づけが重要だと思います。では、内発的動機づけにつながるものは何かというと、それは「気づき」です。「気づき」は、これまで意識の外にあった理解が、突然意識の中に飛び込んでくるような感覚で、「あっ！　そうか！」「なるほど！　こういうことか！」というように「！」がつくような場合もあれば、静かに悟っていく場合もあるかもしれません。

　筆者のスクールソーシャルワーク実践のなかで、「子どもの利益のためのつながり」が実現し、子どもの可能性を引き出し、子どもの笑顔に結びついていくアプローチは、ほとんど全てが関係者の「気づき」に源があります。

　例えば、ある学校の校長先生は、SSWrとともに何人かの子どもへの支援を経験する中で、包括的アセスメント・プランニングの支援プロセス、それを検討するケース会議の重要性に気づき、校内システムの中核に位置づけ、教育活動の活性化を図りました。また、ある学校の生徒指導主事は、SSWrが参加するケース会議を体験し、合理的な情報収集を工夫すれば短時間で実りのあるケース会議ができると気づき、ケース会議を定例化しました。ある学校のPTAは、SSWrとの交流のなかでPTAだからこそ実現する子ども支援に気づき、「児童虐待防止キャンペーン」への取り組みを実行しました。挙げればきりがな

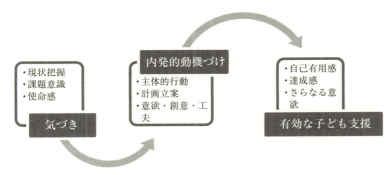

図4　「気づき」から始まる子ども支援例

いほど「気づき」がもたらす効果は高いといえます。

(2)「気づき」への働きかけ

では、具体的にはどのような場面で「気づき」があるのか、C担任について確認してみましょう。

最初は、対応方法にのみ意識が傾きがちなC担任に、SSWrは視点の変換を意図して「なぜ？」と問いかけました。C担任はSSWrの問いかけに対して考え、動いてみました。そこから「困った子どもは困っている子ども」と、とらえ方を変え、包括的な視点の必要性に気づいたC担任に対し、次にSSWrは「気づき」への刺激とも言える、専門的知識の伝達や見落としがちな課題への問題提起、C担任の実体験による気づきの理論化などによって、さらなる「気づき」を促しています。そうした時間の経過の中で、C担任の「気づきや主体的な動き、考え」「内省による自己理解」が次々に出現しました。その都度SSWrは、C担任の「気づき」を引き出す言葉や話題を選び、C担任の「気づき」や考えを要約してフィードバックしたり、C担任の気づきや考えに共感や同意を添えたりしながら主体性を

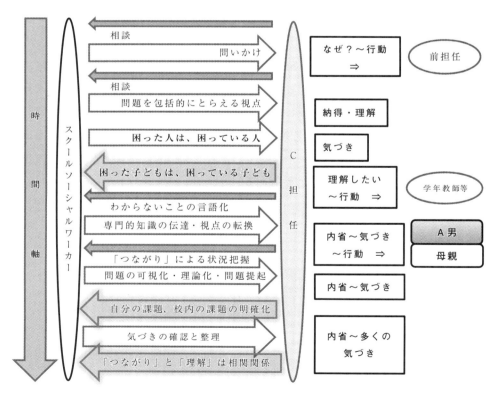

図5　1、2でのC担任の気づきのプロセス

バックアップしています。

　ちなみに、SSWrが意識してC担任に働きかけ、C担任が主体的に行ってきたことは、スクールソーシャルワークの「包括的アセスメント」であり、内省による気づきは「自己覚知」に相当します。そこからC担任との具体的な動きがはじまるのです。SSWrの立場からすれば、C担任とのやりとりそのものがC担任への支援であり、A男さんやその他の子どもたちへの間接支援なのです。

(3)「気づき」を活かす

　SSWrは、C担任が気づいた課題を図3のように分類してみました。ここからSSWrはC担任が自らの「気づき」によって行った「包括的アセスメント」をふまえ、C担任が課題であると実感した事柄を、C担任が主体的に改善していくための「プランニング」と計画の実行をサポートします。その際、スクールソーシャルワークの手法を見せて活用することでC担任の課題意識に応えていこうと考えました。

　まずは、C担任自身が自分の課題であると認識した「同僚への相談」と「担任だけでA男さんの家庭を支えられない」という問題に対して、「つながり」を作ることからです。

　さて、SSWrの担当者（コーディネーター）はベテランのD先生で、今年度は担任をもたず学校全体の子どもの指導に関わっています。

SSWr：C先生、私はD先生への活動報告の中で、C先生とA男さんについて相談していることを伝えています。D先生もA男さんの欠席が減り、楽しそうにしている姿を見て安心しておられましたよ。ところで、今後のA男さんへの支援や、C先生が課題だと言っ

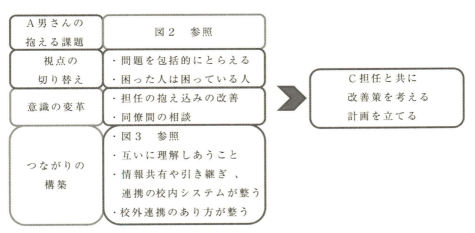

図6　C担任の課題意識をふまえた支援の方向性

ておられる校内のつながりについて、一緒に考えてくれそうな先生はいますか？
C担任：それは、やはりD先生だと思います。D先生は、子ども全般のことに関わる立場ですし、校長先生からも信頼されている力のある先生です。

SSWrとC担任は、まずA男さんについてD先生に相談してみることにしました。
C担任：D先生にA男さんのことを説明するのに、今までのメモを全部見せましょうか？
SSWr：それなら、アセスメントシート(※)を使ってみますか？ A男のことや家庭のことが包括的に見えてきますよ。（※『子どもが笑顔になるスクールソーシャルワーク』参照）

C担任は、SSWrにアセスメントシートの書き方を教えてもらい、これまでメモしたA男に関する情報を書き入れてみました。**すると改めてA男の全体像が見えてきて、同時に、まだよくわからないことがあることに気づきました。**

D先生：アセスメントシートを見ると、A男さんのことがよくわかりますね。たしか姉が転校してきたときの6年担任だった先生が、今、特別支援学級の担任です。何か知っているかもしれませんね、他にも知っている先生がいるかもしれません。**一度A男さんや姉のことを知っている先生方に集まってもらって、情報の確認をして対応策を決めましょうか？** そういうのが以前、SSWrが言っていたケース会議ですよね？
SSWr：はい、ケース会議を開くのは有効だと思います。
C先生：先生方に集まってもらえれば、いろいろな情報が聞けそうで私もありがたいです。

D先生は管理職に相談したうえ、翌日の朝の打ち合わせで「A男さんや卒業した姉、家庭のことをご存じの方は、放課後4時に会議室にお集まりください」と声をかけました。
C担任の「気づき」がD先生の「気づき」につながり、今、学校に新しい動きを作ろうとしています。

4の要約
○SSWrは、C担任の「気づき」が内発的動機に結びつくよう働きかけた。
○C担任は、主体的に包括的アセスメントや、自己覚知をおこなった。
○C担任は、改善すべき二つの課題に気づいた。
○SSWrは、C担任が気づいた自らの課題改善へ主体的に向き合うことを支援した。
○C担任の「気づき」は、D先生の「気づき」につながり「動き」となった。

5 「気づき」のあるケース会議で教師はいかに専門性をたかめるか

(1) ケース会議に教師の専門性を活かす

　C先生はもちろん、D先生もケース会議は初めてでした。そこで、勤務を調整して翌日も出勤したSSWrにケース会議の進め方を見せてほしいと頼んでみました。するとSSWrは、「ケース会議の進め方は授業の進め方と似ているから大丈夫」というのです。そして1時間のケース会議のタイムテーブルをメモしてD先生に渡し「私が隣に座りますから安心してください」と言いました。そして、C担任には「アセスメントシートを参加者に配るので、C先生は多い目に印刷しておいてもらえますか。それと最初に5分程度でA男さんについてお話しいただくのでポイントをまとめておいてください」とお願いしました。

　さあ、初めてのケース会議です。

> 参加メンバー：校長、教頭、教務、D先生、C担任、4年部所属教員、A男前担任、A男元（2年）担任、養護教諭、姉の元担任（現在特別支援学級担任）

　ケース会議で新たにわかった主な情報は次のとおりです。（　　）内は情報源である参加者です。

> ・二人が転入してきたとき、母に代わって姉が家事やA男さんの世話をしており、時々姉は登校させてもらえなかった（姉の元担任とA男さんの元担任）
> ・A男さんが先日だるいと言って保健室に来たとき、B子さんが○○病院にかかっている、B子さんは一日中寝ている日もある、夕飯がない日もあると言っていた。なお、○○病院は心療内科である（養護教諭）
> ・そういえば、A男さんは給食を異常なくらいよく食べる（C担任）
> ・欠席は減ってきたが、欠席のときB子さんからの欠席連絡はほとんどない。そのときは電話をしてもつながらない（C担任）
> ・A男さんは、よく用務員さんと楽しそうに話している（教務）
> ・A男さんは、図工が好きで絵もうまい（C担任、A男前担任、A男元担任）

C担任は、A男について簡潔に説明し、SSWrは、家族に生じ得るDVの後遺症やB子さんの体調の影響でネグレクトの可能性も視野にいれるべきだということ、欠席の日にA男さんの家庭の状況がどうなっているのかが気になること、姉の在籍する中学校や関係機関と連携する意義を説明しました。

　D先生は、ケース会議を「授業」のイメージをもって司会進行する中で、1時間での時間配分を考えながら、参加者から意見を引き出そうと意識してくれました。今回は初めてのケース会議でしたので、「見立て」はSSWrがやってみせ、次に見立てをふまえて参加者みなでプランニング（目標設定と手立ての検討）をしました。

　A男さんの安心安全を目標にしたところ、それぞれからさまざまな工夫が提案され、A男さんの強みを活かした関わり方、B子さんへの関わり方、用務員さんとの連携、情報の共有の仕方、中学校との連携の具体策、必要に応じた通告や関係機関と連携など、細やかで具体的な役割分担が決まりました。そして、次回のケース会議の日程もメンバーで確認し、最後に、SSWrが、今回の会議をふりかえりながら「ケース会議のポイント」を説明しました。

　A男さんについては校長先生がすぐに中学校と連絡をとり、翌日、C担任とD先生、教頭先生が中学校に出向き話し合いをしました。その結果、やはりネグレクトの可能性が高いと共通理解し、すぐに通告をしたところ、当該市の要保護児童(※)と認定され、関係機関の連携による支援がスタートしました。小学校と中学校は、支援のネットワーク（要保護児童対策地域協議会※）の中で、A男さんや姉の様子に気になることがあるときは、日常的に互いに連絡を取り合って相談するようになりました。

※「児童福祉法」参照

(2) ケース会議での「気づき」を活かす

　D先生は、参加者全員にケース会議の感想を求めました。
　主な感想は以下です（順不同）。

・A男さんに関することを知っている教師がこれほどいることに驚き、それぞれが知っている情報を集めれば、いろいろな状況がわかることに気づいた。
・いろいろな先生方から、いろいろな考え方やアイデアが出て**学ぶことが多かった**。
・情報共有だけではなく、**情報の意味を読み解いていけば背景が見えてくる。そうすれば何をしたらいいのかがわかってくる。子どもの対応に必要なことだと思った**。
・アセスメントシートに情報が書かれていて、とてもわかりやすかった。**足りない情報**

もよくわかった。自分のクラスの気になる子どものことも書いてみようと思った。
・自分のクラスの子どものケース会議もやってほしいと思った。
・中学校との連携がなぜ必要なのかが、少しわかったような気がする。関係機関のこともっと知りたい。
・児童虐待や関係機関のことなど知らないことに気がついた。研修が必要ではないか。
・1時間程度で的確な対応策が打てるなら、報告だけの会議よりやる意味があると思った。
・「チームで関わる」が具体的になる場だと感じた（校長）
・A男さんを中心に、教員同士でつながれたと思った（C担任）
・ケース会議ということばに難しさを感じていたが、授業の流れをイメージすれば大丈夫だった。さらにスムーズに進行できるようになりたい（D先生）

　C担任、D先生、SSWrは、参加者の感想もふまえ、3人でケース会議をふりかえりました。C担任はそこで自分が抱く校内の「つながり」への課題意識も話しました。
D先生：私も、問題が起こってから私に相談が入るのは何か違うと思っていましたし、A男さんのことで、C先生が他の先生と話している姿を見て、これが必要だと感じていました。今回のケース会議もよい手応えでしたから、まずはケース会議を定期的に開催するにはどうしたらいいのか考えましょうか。SSWrにも相談にのってほしいです。
SSWr：はい、今回参加してくれた先生方の気づきやニーズをぜひ活かしていきましょう。
C担任：とてもありがたく嬉しいです。どうぞよろしくお願いします。

　D先生は、校長先生の了解を得て、3日後の職員会議でアセスメントシートの活用を進めていくことを提案しました。そして2週間後のSSWrによる校内の児童虐待研修会を企画しました。虐待についての基本的知識や関係機関の役割、連携の仕組み等について教職員への知識の伝達を図るためです。さらに管理職と教務、D先生、SSWrが話し合い、校長先生の提案で「ケース会議は、SSWrの勤務日を考慮しつつ、年度内は行事や会議の入っていない日に教務が予定を入れる。それ以外はD先生中心に随時開催する。次年度からは毎週1回、曜日と時間を決め、年間行事日程に入れてしまう」などが決まりました。

(3) ケース会議で教員の専門性を高める

　ケース会議を「子ども理解の学習の場でもある」という校長先生もいます。たしかにケース会議への参加は、教職員自身のアクティブ・ラーニングと言っていいのかもしれません。なぜなら、「それぞれへの否定的、攻撃的、押しつけ的なやりとりをしない」という一定のルールのなかで開催されれば、A男さんのケース会議後の感想に見るように、ケース会議では参加者のやりとりのなかで「相互作用・交互作用」が生じ、多くの「気づき」と主体的な動きが生まれます。また、ケース会議を繰り返すなかで、包括的アセスメントやプランニング等、ソーシャルワークの手法の活用と技術の向上が期待できます。その経過のなかで、それぞれが教育活動の中で身につけた知恵や経験の伝達、SSWrなどの専門家の知識の伝達も行われ、教師としての専門性が向上していき、チーム意識が高まっていきます。それらを総じて学校力の向上と言っていいのではないでしょうか。

5の要約
○SSWrは、D先生が培ってきた授業を展開する力を「ケース会議」に活かそうと働きかけた。
○SSWrは、C担任のニーズとケース会議のニーズをふまえてアセスメントシートの活用を働きかけた。
○A男さんの事例についての具体的なチーム支援と、ケース会議の継続が決まった。
○ケース会議の様々な効果を参加者が実感できた。
○D担任は、ケース会議の司会進行に自信をもち、さらに意欲をもった。
○C担任は、自分が気づいた「つながり」についての自分自身と校内システムの課題改善に向けて、自分も周囲も具体的に動き出せたことに満足感をもった。
○D先生は、C担任と自分の課題意識を重ね合わせ、具体的な改善策に向けて主体的に動き出した。
○管理職も、ケース会議の効果を実感し、校内システムへの導入に合意した。
○ケース会議の中での「気づき」や、やりとりによる相互作用で、教職員の専門性が高まり、学校力も高まる。

(4) 人と人とをつなぐ専門性

　読者のみなさんは、SSWrとC担任とのやりとりと状況の変化、またはSSWrの姿勢について、何か気づくことはありましたか？

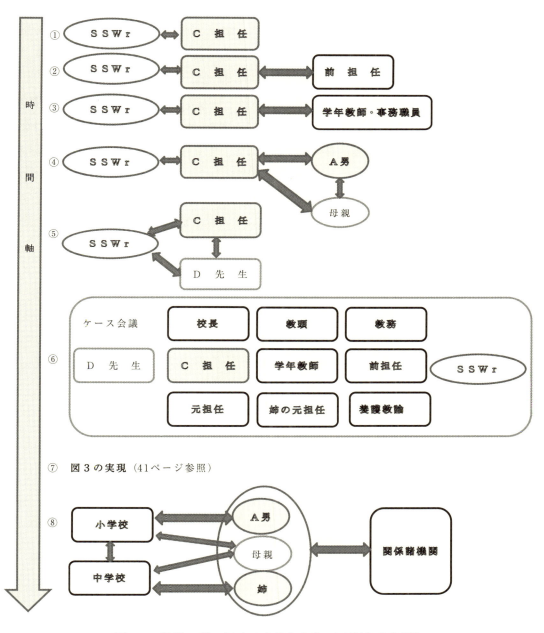

図7　C担任の「気づき」から始まる「つながり」の広がり

ここで、C担任とその周囲の変化に視点を移してみましょう。A男さんへの対応をめぐる一人の教師C担任の「気づき」は、子どもと保護者とのつながり、校内の教職員とのつながり、校内の体制構築、中学校との連携、関係機関との連携にまで発展しました。言い換えれば、一人の子どもを中心とした「気づき」と「つながり」が次々に広がっていったのです。SSWrは、C担任やD先生の主体性を尊重し、より良い状況への推移をさりげなくサポートしています。

　SSWrの専門性は、誰かと誰かの間に自分が入っていって連結部になることではありませんし、個別事例のアセスメント力・プランニング力の高さだけを指すものでもありません。SSWrは、個別事例への適切な支援において、単純に「つなぐ人」ではなく、「つながりができるよう支援する人」ですから、教職員とつながりながら、「**学校や教職員が、子どものために、自ら様々な課題に気づき、持てる力を活かし、主体的に子どもとつながり、また他者とつながり、課題改善に動き出すこと**」を支援します。そして、その気づきや「つながり」が、また次の「気づき」や「つながり」に広がっていくことを支援します。それは、ソーシャルワークの文脈でいえば、ミクロ―メゾ―マクロを視野にいれたソーシャルワーク実践であり、学校の文脈で言えば、子どもや家庭、コミュニティの社会資源も含む「包括的なチーム学校」の体制構築への支援と言えるでしょう。

　SSWrは、よく「黒衣」に例えられます。それは、黒衣のように、舞台に欠かすことのできない存在でありながら、主役や登場人物を引き立てるために、まるでそこに存在していないかのように、目立たず、邪魔にならないように必要なことを適時適切にスマートに支援するという高い専門性を指しているのです。

　「チーム学校」では、このようなSSWrの専門性がいかんなく発揮されることを大いに期待したいと思います。

［参考文献］
　鈴木庸裕・佐々木千里・高良麻子編『子どもが笑顔になるスクールソーシャルワーク　教師のためのワークブック』かもがわ出版、2014
　鈴木庸裕編『スクールソーシャルワーカーの学校理解』ミネルヴァ書房、2015
　『平成23年度全国母子世帯等調査結果報告』厚生労働省、2012.9
　『平成26年版　子ども・若者白書』内閣府
　『ひとり親家庭の現状について』厚生労働省、2015.4

第3章

学校でのいじめ・自死・事故の問題が「チーム学校」に問いかけていること

1 チーム学校の視点から見た学校事故・事件に関する諸問題

(1) 今の学校事故・事件に関する諸課題への制度・政策的な対応

　この本を手にされた方のなかには、スクールソーシャルワーク（SSW）論の視点から「チーム学校」を論じる本書に、学校での死亡事故・事件に関する章が置かれていることについて、不思議に思う人がいるかもしれません。そこで「なぜ今、子どもの事故・事件の問題を取り上げて、SSWとチーム学校の視点から論じる必要があるのか？」ということについて、本章の最初に2つの切り口から説明しておきます。その切り口とは、「今の学校事故・事件に関する諸課題への制度・政策的な対応」と、「実際に重大事故・事件が発生した現場で起きていること」の2つです。

　まず1では、「制度・政策的な対応」の側から説明します。

　たとえば2013年に制定された「いじめ防止対策推進法」は、各学校でのいじめ防止等の取り組みに関して、「当該学校の複数の教職員、心理、福祉等に関する専門的な知識を有する者その他の関係者」で構成される組織を置くことを求めています（同法第22条）。また、深刻ないじめを苦にして子どもが亡くなるなど「生命、心身又は財産に重大な被害」があった場合（重大事態）の発生時には、いじめ防止対策推進法第28条の規定に基づいて、学校設置者などによる調査が行われることになります。この調査のための組織は、「いじめの防止等のための基本的な方針」（2013年10月11日、文部科学大臣決定）では、「弁護士や精神科医、学識経験者、心理や福祉の専門家等の専門的知識及び経験を有する者であって、当該いじめ事案の関係者と直接の人間関係又は特別の利害関係を有しない者（第三者）」

によって構成されることとなっています。

　いわば、いじめ防止対策推進法においては、たとえば学校の教職員が心理・福祉等の多様な職種の人びとと連携して課題解決に取り組んだり、あるいは重大事態の発生時には学校に多様な専門領域の人びとからなる調査組織が入り、事実関係を明らかにして、再発防止策等を検討したりすることが想定されているわけです。

　このような具体的な課題解決の場面や、重大事態発生時の調査・検証における学校と多様な専門領域の人びととの連携については、いじめ問題に限らず、他の背景要因による子どもの自死（自殺）あるいは重大事故のケースについても同様に想定されています。たとえば文部科学省・児童生徒の自殺予防に関する調査研究協力者会議「子供の自殺が起きたときの背景調査の指針（改訂版）」（2014年7月1日）では、調査委員会等による詳細調査の実施にあたって、「調査組織の構成については、弁護士や精神科医、学識経験者、心理や福祉の専門家等の専門的知識及び経験を有する者であって、調査対象となる事案の関係者と直接の人間関係又は特別の利害関係を有しない者（第三者）」というように、「いじめ防止等のための基本的方針」と同じ文言が出てきます。同様の文言は、最近、重大事故の防止や発生時の対応について作成された「学校事故対応に関する指針」（2016年3月31日）においても、「学識経験者や医師、弁護士、学校事故対応の専門家等の専門的知識及び経験を有する者であって、調査対象となる事案の関係者と直接の人間関係又は特別の利害関係を有しない者（第三者）」という形で出てきます。

　このほか先述の「学校事故対応に関する指針」においては、たとえば「被害児童生徒等に重度の障害が残った場合」において、「長期の入院等から復学した際の当該児童生徒等の学校生活を支援する（学校施設の改修、安全管理、学習体制、学力の保障等）とともに、医療、福祉、心理等の信頼できる専門機関等を紹介したり支援チームを組織したりするなど、家族への継続的なサポートを行う」といった内容も盛り込まれています。なお、私はこの「学校事故対応に関する指針」の原案を検討した文部科学省「学校事故対応に関する調査研究」有識者会議に2年間（2014～2015年度）、委員のひとりとして関わりました。

(2) 実際に重大事故・事件が発生した現場で求められていること

　以上のように、いじめや自死（自殺）、事故などの重大事態の防止、発生時の調査・検証作業や、被害にあった子どもと家族への支援などの各場面において、学校の教職員や教育行政の担当者が心理・福祉・医療・法律等の多様な領域の専門家と接点を有する場面が想定されています。まさに現場レベルにおいても、教職員・教育行政職員と多様な領域の専門家との「チーム」による「協働」が求められる重要課題として、今日、学校での重大

事故・事件への対応という課題が浮上している、ということです。SSW論の観点から「チーム学校」のあり方を論じる本書において、学校での重大事故・事件という課題を検討する理由は、このような形で学校現場を取り巻く昨今の制度・政策の動向と結びついています。

ただし、学校での重大事故・事件に関する諸課題について、SSW論や「チーム学校」の視点から、学校や教育行政の関係者と多様な領域の専門家との「協働」にどのように取り組むのかについては、まだまだ議論自体が始まったばかりです。先行研究もそれほど多くはありません(1)。したがってこの章の内容も、調査委員会のあり方などを含む形で、これまでの重大事故・事件発生時の学校・教育行政の対応（事後対応）(2)にどのような問題があったのかを検討しつつ、これからの検討課題を整理する形で論じていくことにします。

なお、以後の文中では、重大事故・事件発生後にその事実関係の調査や検証作業等を行うために、医師や弁護士、臨床心理学や教育学その他の各領域の専門家によって構成される調査（検証）委員会等を、「調査組織」と総称しています。これは常設のものや発生した事故・事件ごとに設置されるもの、あるいはさまざまな呼称があること等を念頭においてのことです。

ちなみに私自身も、公立中学校スポーツ部活動中の熱中症死亡事故、公立小学校の夏休み中のプール活動の水死事故、私立幼稚園のお泊り保育中の川遊びで起きた水死事故の3つの事例で、調査組織の取り組みに従事したことがあります。また、いじめ自殺等のケースで立ち上げられた調査組織の要請に応じて、その運営のあり方について意見を述べたこともあります。

また、実際に調査組織に関わるなかで、私は教職員、教育行政職員や弁護士、医師等の専門家、さらには亡くなった子どもの遺族や重い後遺症を抱えた子どもの家族、そして地元の学校の他の子どもや保護者など、多様な人びととの関係をつくって調査・検証をすすめてきました。この関係づくりのあり方（関係調整）の部分でSSW論に学ぶことは多々ありました。

以下、本章で具体的に述べていきます。

2 重大事故・事件が起きた現場に生じる重層的な「ズレ」

(1) 遺族・家族と学校・教育行政の関係を図で表現してみると

　さて、学校での重大事故・事件に関する諸課題を検討するにあたってSSW論や「チーム学校」の視点が必要となってきた制度・政策的な状況は1で述べたとおりですが、この2では、実際に重大事故・事件が起きた現場の状況について説明します。

　まずは図1を見てください。

　図1は、重大事故・事件発生後の事後対応のプロセスにおいて、亡くなった子どもの遺族や深刻な被害を受けた子どもの家族（以後「遺族・家族」と略）が、どのような人びとの関係のなかにおかれるかを図式化したものです。この図1でA・Bと書いているのは、遺族・家族に関わるそれぞれの立場の人が、「事実究明と再発防止策の確立」を求めるのか（A）、それとも「一日も早く平常の学校の機能を取り戻すこと」を求めるのか（B）を示します。つまり、遺族・家族に対して学校関係者を含むさまざまな人びとがどのような考えに立ち、どのような対応を行うのかによって、遺族・家族の抱える苦悩のありようは変わるということを理解していただくための図が、この図1です。続いて、図2を見てください。

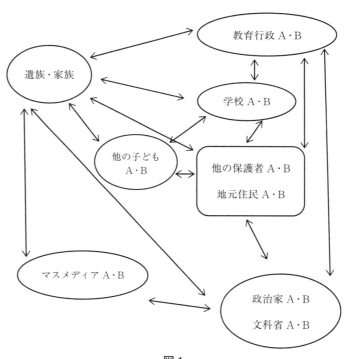

図1

A＝「この事故・事件を機に、学校・教育行政は変わらなければいけない」（徹底した事実究明と再発防止策の確立を求める傾向）
B＝「一日も早く、平常の学校・教育行政の機能を取り戻すことを」（事態の沈静化を求める傾向）

出典：住友剛「学校における重大事故・事件に関する第三者調査委員会のあり方を考える―調査・検証の実務に携わる上で留意すべきこととは？―」『京都精華大学紀要』第47号、2015年

(2) 実際の遺族・家族の声からわかること

　この図2は、子どもが亡くなったり、あるいは重い後遺症を抱えるような重大事故・事件が起きたあと、初期調査・中期調査（調査委員会の段階）・訴訟と3つの段階に分けて、学校・教育行政側と遺族・家族側との間で、どのように考え方や現状認識などのズレが生じているのかを図式化したものです。この図1・図2ともに、私がこれまでに出会った重大事故・事件の遺族・家族の事例を念頭に置きながら作成しました。

　さて、1で述べたとおり、ここ数年、いじめ事件や自死（自殺）の背景調査、あるいは重大事故・事件の調査・検証等について、文部科学省による対応指針づくりが積極的に進められています。その背景には、重大事故・事件発生後の遺族・家族と学校・教育行政の関係にさまざまな問題が生じていることが挙げられます。

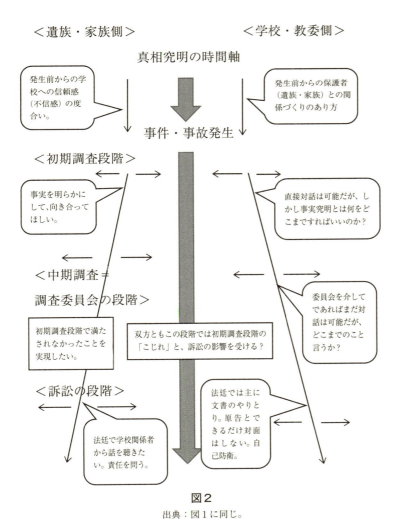

図2
出典：図1に同じ。

　たとえば重大事故・事件発生後の調査・検証作業のあり方をめぐっては、その調査組織の立ち上げ方や実際の調査の進め方などについて、遺族・家族側と学校・教育行政側、さらには調査委員会等の組織の側との間で、意見の食い違いが見られるケースが多々生じてきました。

　実際、文部科学省「学校事故対応に関する調査研究」有識者会議では、先述の「学校事故対応に関する指針」のとりまとめにあたって、2015年度、遺族（団体）ヒアリングを実施しました。その際、たとえば次のような意見が遺族（団体）側

から出されています。なお、番号は便宜上、私が付したものです。

①私たちの願いは、事実を受け止めるためにも、事実を知りたい、分かっている事実を教えてほしい、我が子の死の様子を知りたいということ。それから、原因を明らかにしてこそ教訓だと思っているが、事実を曖昧にしたまま収束させようという事後対応が続いている。

②親が我が子の身に何が起きたのか知りたいという思いの延長線上には、せめて今後二度と我が子のような子供の事故を生み出してほしくないという切実な再発防止の願いが込められている。遺族の立場から申せば、また同じ事故が起きるということは、我が子の死が無駄になってしまったということになる。

③被害者家族や遺族は、教育委員会や学校等、いろんな人と話をしたい、再発防止策を考える場面にも参加したい、自分の子供の事故・事件の話をして、同じようなことを繰り返さないようなことをしたいと思っているが、それを断ち切られてしまうことが多い。

④学校で事故・事件が発生すると、学校は事実を明らかにしないまま、事態の沈静化に終始してきた。その中で、何があったのかを解明していないので実効性のある再発防止策ができていなかった。それから、そこで起こったことが、被害者遺族に深刻な社会不信、人間不信を起こしてきた。

⑤いじめ、事故にかかわらず、多くの学校に事実に向き合う積極的な姿勢を感じることができない。そして、情報は学校内部に偏り、その情報のコントロールが学校と教育委員会のさじ加減でどうにでもなり、隠蔽も可能になる。

⑥真実がうやむやにされてしまい、真実に向き合うことを阻まれた被害者は、真実を知りたいというその一点のために民事裁判等へ追い詰められていってしまう。この問題を放置することが、不毛な民事裁判を生み出す大きなきっかけとなっている。

⑦事後対応においても、情報の共有不足と説明不足がある。組織防衛のために不十分な調査が行われ、当事者に説明をしない、意見を聞かない、情報を開示しないということが行われている。

⑧検証委員会は、市教委が事実を認めず曖昧にしている状態を打開するために設置されたはずだが、途中で事実の解明を放棄し、ほとんど成果を上げることなく終了した。

⑨きちんとした知識と手法を踏まえた委員が、権限を持ち、本気で検証に取り組むために、学校事故に対処する機関、コーディネートする機関を常設する必要がある。

⑩事後対応の在り方としては、被害者の二次被害を防ぎ、又は最小限にとどめ、被害者参加の再発防止を実現することとなってほしい。そのために、まず初めに大切なのが、

現場対応のコーディネーターが必要だということ。適切な現場対応を行うには、調整機能を持った、専門職としての、いわゆるコーディネーターが必要である。
⑪被害者や遺族だけでなく、学校や教育委員会も、ある意味では困っている。国の支援が必要であり、事故・事件が発生し、学校、教育委員会から国に現場対応の要請があった場合、国は現場にコーディネーターを派遣し、現場対応に当たること、国は派遣したコーディネーターに対し、現場対応に関する助言や支援を行うことを提案したい。[(3)]

　以上、文部科学省の有識者会議に寄せられた遺族・家族の声を、ほんの少しだけ紹介しました。ここで紹介した遺族・家族の声から明らかなように、多くの遺族・家族は重大事故・事件発生後、「何が起きたのか、できるだけ詳しく知りたい」と願い、学校や教育行政による調査・検証作業や事実関係の説明が行われることに期待します。また、遺族・家族以外にもこのような調査・検証作業をふまえて、当該の学校の諸課題を明らかにし、それを改善して再出発を果たしたいと願う人びともいます。しかし他方で、同じ地域には、学校や教育行政に「一日も早く、平常の教育活動の再開を」求める人びともいます。このような人々の関係を調整して、できる限りの調査・検証作業や事実関係の説明が行われるようにしなければ、遺族・家族は地域社会で孤立します。そのことを図式化したのが、図1です。
　一方、事実がなかなか明らかにされないと感じたり、あるいは学校や教育行政の対応に不信感を抱く遺族・家族のなかには、民事・刑事の両訴訟に期待を抱く人も出てきます。こうした訴訟提起に対する警戒心が学校・教育行政の側に生まれると、遺族・家族に対して事実関係の説明や調査・検証作業などにより消極的になる動きも生じやすくなります。あるいは遺族・家族としては従来、学校・教育行政に望んでも実現しなかった調査・検証作業や事実関係についての説明を、調査委員会などの調査組織の取り組みによって実現してほしいと期待する部分もあるでしょう。しかしこの調査組織も遺族・家族への対応のしかたを誤れば不信感を抱かれたり、「事実をうやむやにするための調査・検証だ」との批判を受けることにもなりかねません。このような相互の不信感・警戒感や対立が深まっていくプロセスを、先に示した図2でまとめてみました。
　このように、重大事故・事件発生後の現場においては、遺族・家族側と学校・教育行政側、調査組織その他関係する人々との間で、たとえば課題意識や状況認識などにさまざまなズレが重層的に生じています。そのような意識・認識のズレが背景となって、関係者間に深刻な対立や相互不信などが生まれたり、あるいは遺族・家族の孤立等の問題を生じさせることも起きています。そして、このような関係の改善に向けての調整活動が、調査・検証の営みを含む事後対応の各場面で求められることは、あらためて言うまでもありません。

3 事後対応の各場面における関係調整で重視すべきこととは？

(1)「子どもたちの『最善の利益』の実現」という視点に立つこと

　では、重大事故・事件発生後の事後対応のプロセスにおいて、2で述べたような関係者間の意識や認識のズレをできるかぎり埋めていくような調整活動は、どのような対応であるべきなのでしょうか。ここでは、先に2で紹介した遺族・家族の声に注目しつつ、特に調整活動を支えるコミュニケーションのあり方にこだわって、私なりの見解をまとめておきます。また、このような調整活動がうまくいくかどうかによって、事実関係の解明や原因究明などの調査・検証作業のあり方も変わってくることを先にお伝えしておきます。

　なお、本来は重い後遺症を抱えることになった子どもや家族の課題も重要なのですが、紙幅の関係上、3では主に死亡事故・事件の遺族を念頭に置いて議論をすすめます（ただし、ここでは詳しく述べませんが、死亡事故・事件の遺族と、重い後遺症を抱えることになった子どもや家族の課題のなかには、共通する部分がいくつかあります）。

　また、この3で述べることは当面、調査組織の担い手に求められるだけでなく、2⑨～⑪で紹介した遺族・家族の声のように、これから重大事故・事件発生後の当事者間の関係調整のためにおかれる「コーディネーター」のあり方に重なる部分もあるでしょう。特に、文部科学省は2016年3月、特に学校での重大事故の発生時に、遺族・家族と学校・教育行政、調査組織との関係調整を担う「コーディネーター」を設置してもよいと、「学校事故対応に関する指針」と併せて各地の教育行政に対して通知していることを、ここで紹介しておきます(4)。

　まず、重大事故・事件に直面した遺族・家族たちが、事後対応の過程で学校・教育行政や調査組織に何を望んでいるのか。先に2において、「親が我が子の身に何が起きたのか知りたいという思いの延長線上には、せめて今後二度と我が子のような子供の事故を生み出してほしくないという切実な再発防止の願いが込められている」という遺族・家族の声を紹介しました。もちろん遺族・家族の願いはこれだけにとどまるものではありませんが、でも、「同じような悲しい事故・事件をくり返してはならない」という願いは、多くの遺族・家族が共有していると思われます。

　この「同じような悲しい事故・事件をくり返してはならない」という願いは、学校・教育行政の関係者にも、調査組織に携わる各領域の専門家にも共有されていることかと思い

ます。また、重大事故・事件の起きた学校に通う子どもの保護者や、その学校とかかわりの深い地域住民、その重大事故・事件の取材に当たるマスメディア関係者にも、そのような願いは何らかの形で共有されているかと思います。前出の図1でいう「A　この事故・事件を機に学校・教育行政は変わらなければならない」という願いは、このように、さまざまな立場を越えて共有されてしかるべきものでしょう。ですから、関係者間での「同じような悲しい事故・事件を繰り返してはならない」という願いの共有が、事後対応のあらゆる場面における関係調整の取り組みの軸になるべきことです。

その上で、この「同じような悲しい事故・事件を繰り返してはならない」という願いの共有を、もう少し、学校現場の教育実践のあり方に引き付けて考えてみましょう。

まず「同じような悲しい事故・事件を繰り返さない」ためには、それが起きてしまった直接的な要因や背景要因を当該の学校及び他の学校から取り除いたり、緩和するなどして、従来の教育実践や教育条件を改めていく作業が必要不可欠になります。

たとえば中学校のスポーツ部活動中の熱中症死亡事故であれば、心身に過剰な負担を課すような練習メニューをあらためるなど部活動運営のあり方、気温や湿度、通気性などの練習環境の点検、子どもの心身の異変に気づき適切に対応するための教職員の子ども理解やスキル、さらに実際に心身の異変に気づいたときの救急車搬送や応急処置のあり方など、従来の教育実践や教育条件の改善に向けて、多面的な作業が必要になります。また、そのような多面的な作業を行うためにも、「この子どもがなぜ亡くなるに至ったのか？」という事実経過の解明と、その事実経過をふまえた適切な原因究明の作業が必要になります。そして、そのような事実経過の解明や原因究明作業のためには、事故が起きた当日やそれ以前の学校の状況等について、その学校に通う子どもや教職員など（場合によれば他の保護者・地域住民などにも）の話を聴くことが必要になりますし、日頃のその子どもがどのような状態であったか、遺族の話を聴くことも必要になります。

実際に公立中学校でのスポーツ部活動中の熱中症死亡事故に関する調査・検証作業の事例として、兵庫県川西市・子どもの人権オンブズパーソン（以後「川西オンブズ」と略）が2000年申立1号案件で行ったものがあります。この案件では、1999年7月に川西市内の公立中学校ラグビー部で起きた熱中症死亡事故について、川西オンブズは遺族からの申立てをふまえ、当該中学校及び市教育委員会などに調査を行い、事実経過を整理・検討した上で、再発防止策についての「勧告及び意見表明」を出しています。また、川西市教育委員会や当該中学校、さらに市内の公立学校園はこの勧告及び意見表明に従い、子どもの熱中症防止に向けての啓発活動や教職員研修その他のさまざまな改善に取り組みました。

ちなみに私が最初に学校での死亡事故の調査・検証作業に関わったのが、この川西市子どもの人権オンブズパーソンが扱った公立中学校ラグビー部熱中症死亡事故の案件です。

また、この案件を遺族の側からどのように見ていたのか、当時の子どもの人権オンブズパーソンの対応がどのようなものであったかは、遺族の手記を読めばわかります[(5)]。さらに、調査・検証作業に携わった私が当時のことをふりかえっている雑誌記事もあります[(6)]。どちらの文献も、今後の事後対応のあり方を考える上で参考にしてください。

　このように、遺族や周囲の子ども・教職員など、多くの人びとの話を聴き、事実経過を適切に整理・解明し、何が事故発生の直接的・背景的な要因であったかを検証した上で、教育実践や教育条件の改善に努めること。このことが、「同じような悲しい事故・事件を繰り返してはならない」あるいは「原因を明らかにしてこそ教訓だ」という遺族・家族の願いに沿うものでしょう。そして、このような改善に向けての取り組みが積極的に行われることは、これから学校に通う子ども・今もなお学校に通う子どもにとっての「最善の利益」の実現にもつながります。また、「遺族の立場から申せば、また同じ事故が起きるということは、我が子の死が無駄になってしまったということになる」という遺族・家族の声にあるように、亡くなった子どものことを多くの人が記憶にとどめることが土台となって、再発防止にとりくんでいくことにもつながるでしょう。

　つまり、〈「同じような悲しい事故・事件を繰り返してはならない」という点にこだわってさまざまな人々の関係調整を行い、事実経過の解明と原因究明、再発防止策づくりを行った上で教育実践・教育条件の改善に取り組むこと〉（下線部は住友の強調）は、亡くなった子どもと周囲の子ども、これから学校に通う子ども等々、さまざまな子どもの「最善の利益」（子どもの権利条約第３条）の理念に沿うと考えられます。また、遺族・家族が願うことも、まずは、突き詰めれば上記強調部分にあると言えるでしょう。そして、上記強調部分のような取り組みを行うことは、学校保健安全法やいじめ防止対策推進法など、学校での子どもの安全に関する法令の趣旨にも合致しています。本来、学校教育における重大事故・事件の事後対応が目指すべきことは、上記強調部分におかれるべきです。

(2) 起きた悲しい出来事にかかわる人々の多様な声を「ていねいに聴き取る」こと

　続いて、２で紹介した遺族・家族の声の(1)～(3)をもう一度、ここで確認してください。

　遺族・家族が何を学校や教育行政、あるいは調査組織に求めているのかといえば、まずは「対話」です。そのことは「被害者家族や遺族は、教育委員会や学校等、いろんな人と話をしたい、再発防止策を考える場面にも参加したい、自分の子供の事故・事件の話をして、同じようなことを繰り返さないようなことをしたいと思っている」という声にも現れています。ですから、たとえば亡くなった子どもや重い後遺症を抱えた子どものことにつ

いて、遺族・家族は関係する教職員や教育行政の担当者、調査組織の関係者等とまずは何度も何度もくりかえし、時間をかけて話をしたいと考えていると見て、まずは間違いないでしょう。したがって私は、学校や教育行政あるいは調査組織の側は、その遺族・家族と対話すること自体を回避してはいけないと考えています。むしろ前出の図2のプロセスを念頭に置くと、その「対話の回避」のなかから、遺族・家族の学校や教育行政、調査組織への不信感が生まれてくる恐れがあるといえます。この点は、(5)であらためて触れます。

その一方で、起きた悲しい出来事にかかわる人びとの声を「ていねいに聴き取る」ことの必要性・重要性は、遺族・家族だけに限定されません。たとえば死亡事故・事件の場合、事実確認作業の重要性からいえば、まずは話をするよりも先に、たとえば亡くなった子どもについて知っていること等について、周囲の子どもや教職員に何かメモに残してもらうことを優先すべきという面もあります。しかし、亡くなった子どもに関係する教職員や、同じクラスの子どもなどの周囲の子どものなかには、亡くなった子どものことについて「語っておきたいこと」を有している子ども・教職員もいると考えられます。もちろん、すぐに話せる心理的状況になるかどうかは、個々の状況を見なければわかりません。場合によっては「今すぐは無理」というケースもあるでしょう。ですが、事実関係の確認や原因究明、再発防止策の検討等において重要な示唆が、このような子ども・教職員の話のなかに含まれているかもしれません。

(3)「修復的対話」という発想・手法を参考に

こうした重大事故・事件に関係する多様な人びとの声を「ていねいに聴き取る」作業においては、たとえばSSW論でいう「修復的対話（Restorative Justice 略称RJ）」の発想や手法が参考になるかもしれません。このRJについては、たとえば、

> 「個人あるいは集団が
> ①受けた傷を癒し、事態を望ましい状態に、
> ②問題に関係がある人たちが参加し、
> ③損害やニーズ、および責任と義務を全員で明らかにすると同時に、
> ④今後の展望を模索する過程」[7]

という説明があります。

また、このRJは、対立する人々をいきなり同じ席で語り合わせるものではありません。具体的には「対立している状態にある当事者たちには、処理できていない感情、たとえば

怒りや悲しみ、憎しみ、恐れなどのネガティブな感情が渦巻いています。そういう人たちが十分な準備態勢もないまま、向かい合ってスムーズに話し合いが運ぶことは奇蹟に近いことだと思います。平静な気持ちで話し合いに臨むには、コンファレンスの前に、相対する人たち双方に対して十分にケアやサポートをする必要」があります。特に前掲の図２のように、遺族・家族と学校・教育行政との間にすでに対立関係が生じている場合は、その関係を前提にして、両者の「対話」に至る前段階の「橋渡し」的な作業が必要不可欠でしょう。

ですから(2)で述べた「対話」の前に、実際には遺族・家族側、学校・教育行政側、周囲の子どもや他の保護者、地域住民など、具体的な関係調整に先だって、それぞれの立場の人たちから「ていねいに話を聴く」作業が必要になることのほうが多いでしょう。

このRJに関する文献の指摘するところは、実は２で紹介した遺族・家族の声からもうかがえるところです。たとえば遺族・家族が学校や教育行政側と直接「対話」できるようになる前に、２⑨〜⑪の意見のように、両者の関係調整を行うコーディネーターの関与が必要になる場面が多々あるということ。また、２⑪の意見のように、「被害者や遺族だけでなく、学校や教育委員会も、ある意味では困っている。国の支援が必要」という意見もあります。つまり、遺族・家族側も学校・教育行政側も、どちらもお互いに困惑や苦悩、緊張、葛藤を抱えているという前提に立っての関係調整が必要であり、その困惑や苦悩などをお互いにストレートにぶつけあう前に、まずは第三者的な立場からそれぞれの声に耳を傾け、その思いを整理する作業が必要だ、ということです。このような「修復的対話」につながる準備作業が、調査組織の行う調査・検証作業の場面においては特に重要になることを、ここで強調しておきます。

(4) 子どもの置かれていた状況に対する「イメージの共有」ということ

では、遺族・家族や学校・教育行政、あるいは周囲の子どもや保護者、地域住民などなど、起きてしまった重大事故・事件に関する関係者からの声を聴きとったあと、調査組織としては何に取り組めばいいのでしょうか。ここでは再び死亡事故・事件のケースを中心に、「亡くなった子ども」に関する「イメージの共有」という課題について論じたいと思います。

まず、先に３で紹介したとおり、遺族側は「私たちの願いは、事実を受け止めるためにも、事実を知りたい、分かっている事実を教えてほしい、我が子の死の様子を知りたい」という思いや、「我が子の身に何が起きたのか知りたい」という思いを抱いています。ですが、これまでの事後対応では２で紹介した遺族・家族の声のとおり、学校や教育行政が

知り得た事実経過等について、適切な説明が行われない傾向にありました。このため図2で示したとおり、遺族・家族と学校・教育行政の側は事実経過に関する調査の実施や原因究明、その結果の説明のあり方をめぐって、相互に不信感が生まれたり、対立する関係が生まれやすい状況におかれてきました。

だとすれば、やはり今後の学校や教育行政、調査組織としては、このような従来の事後対応のあり方とは一線を画して、まずは時系列的に寄せられたさまざまな情報を整理し、「亡くなった子どもの身に何が起きたのか？」ということと、「そのときの学校環境のありよう」の両方を遺族側に適切に説明することが求められます。

たとえば文部科学省「学校事故対応に関する指針」では、重大事故発生直後に行なわれる基本調査の結果については、「得られた情報の範囲内で、情報を時系列にまとめる、事実と推察は区分し情報源を明記するなどして整理し、整理した情報を学校の設置者に報告する」ことや、「学校及び学校の設置者は、上記(4)で取りまとめられた基本調査の経過及び整理した情報等について適切に被害児童生徒等の保護者に説明する」ことが求められています。また、前掲「学校事故対応に関する指針」では、調査組織による詳しい調査（詳細調査）において、次のような情報を集め、検討する必要があると説明しています。

・事故当日の健康状態など、児童生徒等の状況
・死亡事故に至った経緯、事故発生直後の対応状況（AEDの使用状況、救急車の出動情報、救急搬送した医療機関の情報等）
・教育活動の内容、危機管理マニュアルの整備、研修の実施、職員配置等に関すること（ソフト面）
・設備状況に関すること（ハード面）
・教育活動が行われていた状況（環境面）
・担当教諭（担任、部活動顧問等）の状況（人的面）
・事故が発生した場所の見取図、写真、ビデオ等

私としては、調査組織はこれらの情報を集めた上で、上記のように「亡くなった子どもの最後まで生きようとした姿」と「そのときの学校環境のありよう」に適切に整理して、説明を行うことが必要だと考えます。なぜなら、このように得られた情報を整理することで、教職員の子ども理解や指導方法・内容などの教育実践上の課題とともに、学校の条件整備面の課題も明らかになり、再発防止策に何が必要か具体的に見えてくると考えられるからです。また、遺族側としても、このように事実経過と背景要因が適切に整理された説明を聴くことによって、亡くなった我が子の身に何が起きたのか、それがなぜ生じたのか

がよく理解できるようになると思われます。そして、このように事実経過と背景要因が適切に整理された形で説明できるようになれば、遺族と学校・教育行政側、そして調査組織の三者が共に、亡くなった子どもに起きてしまった悲しい出来事について、ある共通したイメージを持つことができるようになります。このような亡くなった子どもについての「イメージの共有」が、遺族と学校・教育行政との間の関係調整を促進する条件を形作ることは、あらためて言うまでもありません。

(5) 遺族・家族からの問いかけ、要望に適切な「応答」をすること

そして、(4)で述べた「イメージの共有」に向けての事実経過の整理・検討の過程で、学校環境の問題（条件整備のあり方含む）や教育実践上の課題が出てきた場合には、学校及び教育行政はこれを積極的に改善していく責務を負っています（たとえば学校保健安全法第26～28条を参照）。このような形で学校及び教育行政が動き始めたときに、2で紹介した例からもわかるように、遺族・家族は学校・教育行政の「事実に向き合う積極的な姿勢」を感じていくのではないかと思われます。学校・教育行政の事故防止に向けての積極的な動きが、遺族・家族との関係調整においてプラスに作用することは、あらためていうまでもありません。

別の言い方をすると、遺族・家族からのさまざまな問いかけ、要望に対して、学校・教育行政や調査組織がどのように「応答」するのかが試されているような場面が、事後対応のプロセスで何度か現れてきます。私としては、その時々の場面で、遺族・家族からの問いかけ、要望に対してどのように「応答」するのかを見ながら、学校や教育行政、さらには調査組織の「事実に向き合う姿勢」のあり方を遺族・家族は確かめているのではないかとも考えています。そして、その確認作業に耐えられなかった学校・教育行政のケースが、先に2で述べた遺族・家族からの批判の声として挙がってきていると見ることができます。

ここで私は「説明」ではなく、「応答」という言葉を使いました。この「応答」という言葉は、倫理学者・大庭健の「応答」責任に関する次の説明を参考にして使っています。

> 先に見たように責任（レスポンシビリティ）は、呼応（レスポンス）の可能性に帰着するが、そこで言われる呼応とは、他のようにもできるなかで、ある行為・態度をとる理由をめぐって、問いかけあるいは呼びかけ・答えることであって、要求をのむ・のまないということとは違う。したがつて、ある問いかけ・呼びかけに「ノー」と答えたとしても、そう答える理由を示し、その理由が第三者から見て妥当なものでありうるとき

> には、なんら無責任な対応はなされていない。
>
> 　それに比して、とりうる行為・態度は別様でもありうるではないか、と懸命な問いかけが発せられているにもかかわらず、問いかけられているという事実すら無いかのように、あたかも室外の風の音がうるさいだけであるかのように、応答しなかったり、あるいは本で鼻を括るように決まり文句を返すだけだとしたら、法的にはともかく倫理的には無責任だと言われても仕方がない。(11)

　この大庭健の言葉を念頭に置きながら、もう一度２で紹介した遺族・家族の声を読んでください。まず、この「（応答する）責任」の観点から言えば、もしも遺族・家族側からの要望や学校・教育行政や調査組織の側に沿いきれないのであれば、それがなぜできないのか、何度も時間をかけて「応答」をして、理解を求めるべきでしょう。もしもそういう「応答」をしないのであれば、たとえば２⑦にある「当事者に説明をしない、意見を聞かない、情報を開示しない」学校や教育行政のあり方が批判されているように、この大庭健のいう「（応答する）責任」を放棄しているかのように遺族・家族には見えるでしょう。

　それこそ、遺族・家族にとっても、学校・教育行政や調査組織にとっても、このような「応答」の場面は、時としてかなり「しんどい」ことになるかもしれません。特に死亡事故・事件について、遺族から「なぜ我が子が亡くなったのか、事実を明らかにしてほしい」という切実な願い、要望を聴き続けることについては、学校・教育行政あるいは調査組織の関係者にとって、相当つらい場面があるかもしれません。また、時として遺族・家族から出された要望に対して、「これは諸条件を考えるとできない」と言わざるをえないことも、学校・教育行政あるいは調査組織の側にはあるかもしれません。

　しかし、それでもなお先述のとおり、「被害者家族や遺族は、教育委員会や学校など、いろんな人と話をしたい、再発防止策を考える場面にも参加したい、自分の子供の事故・事件の話をして、同じようなことを繰り返さないようなことをしたいと思っているが、それを断ち切られてしまうことが多い」のです。だとすれば、できるかぎり遺族・家族との「対話」を継続し、その話を聴き、その願い・要望に対して適切に「応答」し続けることこそ、学校・教育行政や調査組織が最も大事にしなければならないことだと思います。

4 今後、理念や思想的な次元の課題にどう向き合うか?

(1) 事後対応に関わる多様な専門職の「協働」のあり方をめぐって

　まだまだ学校での重大事故・事件の事後対応に関わって、遺族・家族と学校・教育行政、そして調査組織の関係調整のあり方や、あるいは実際に調査組織が何を大事にしながら事実関係の解明や原因究明、再発防止策の検討を行っていくのかについて、私が論じたいと思うことは多々あります。また、今後は「学校事故対応に関する指針」やいじめ防止対策推進法に基づく国の「いじめ防止基本指針」あるいは「児童生徒の自殺が起きたときの背景調査に関する指針（改訂版）」など、さまざまな事後対応（特に調査・検証作業）に関する指針を運用する中で、教育や心理・医療・法律等多様な専門職の「協働」のあり方が問われてくるケースも増えてくるでしょう。そういった意味で、本章で論じたことは、まだまだ「試論」や「問題提起」の域を出ません。今後、遺族・家族や学校・教育行政の関係者、さらには調査組織に関わる多様な専門職のみなさんの意見・要望等を聴きながら、あらためてその「協働」のあり方について、私なりに検討を深めていきたいと考えます。

　ただ、本章の締めくくりにあたって3点、整理して述べておきたいことがあります。いずれも事後対応のあり方について私が伝えたかったことであり、今後の検討課題です。

　1点目は、3⑴〜⑸で述べたとおり、具体的に遺族・家族と学校・教育行政、調査組織の関係調整を行ったり、あるいは多様な専門職からなる調査組織が実際に調査・検証作業を進めたりするにつれて、関係する人々の間での亡くなった子ども（重い後遺症を抱えた子ども）の状態理解や、その重大事故・事件の起きた学校の環境的諸要因への理解の共有が重要になってくること。

　2点目は、事後対応のプロセスが進んでいくなかで、何を「目指すべきもの」として関係調整を行ったり、理解の共有をすすめていくのかという、事後対応のあるべき姿、理念などに関する理解の共有も大事になってくること。

　ちなみに1点目・2点目のように、さまざまな課題についての「理解の共有」と当事者間の関係調整が大事になってくる背景には、本章1で述べた事後対応に関する制度的な基盤の整備と、2で述べたこれまでの事後対応のなかで相互不信が募りやすい構造的な問題があります。

　そして3点目は、1点目・2点目のような課題に本格的に対応していくためには、今後、

事後対応に携わるさまざまな領域（たとえば教育・心理・医療・法律等）の関係者の間で、ただ単に「協働」の手法のための議論だけでなく、その手法を裏づけるための理念的・思想的な議論を積み重ねていくことも重要になってくること。たとえばこの重大事故・事件を目の前にして、「いま、守られるべき子どもの最善の利益とは具体的になんなのか？」といった課題について議論を深めることが、一見遠回りのように見えて、実は関係者間の「協働」を促したり、あるいは当事者の関係調整を手助けすることにつながることもありうるのではないか、と考えます。

(2) 日頃の事故・事件の未然防止に向けての「協働」のあり方

では、ここでもう少し具体的に、日頃の学校での事故・事件の未然防止の場面において、関係する教職員や多様な専門職の「協働」のあり方について検討して見ましょう。

たとえば各学校において、ひとりひとりの子どもに起きた大小さまざまな事故や心身の異変について、養護教諭のみなさんからの声は、他の教職員や校長・教頭らの管理職、あるいはスクールソーシャルワーカーやスクールカウンセラーなどの専門職のところに確実に届いているでしょうか？　また、その声に対して、他の人々はどのように「応答」しているのでしょうか？

実際、2014年から2015年の間に、私は学校事故の防止のあり方をテーマとして、養護教諭のみなさんの学習会に講師として招かれたことが何度かありました。そのときに養護教諭の側から出た意見等のなかには、たとえば次のような事例がありました。

- 学校行事として行った自然体験活動中に大けがをする事故が起きたが、実施場所自体が救急車搬送するのに1時間近くかかる場所だった。そういう場で行事をするのなら、医師がついて行くか、場所の選び方を考えた方がいいのではないか。
- 理科の実験中にアルコールランプを使っていて、子どもの衣類や髪の毛に火が燃え移ってたいへんなことになった。事前に教員から子どもに注意を呼びかけたり、火を扱う際には教室に教員ほか人手を増やして監視を怠らないようにしたり、「この時期にこういう実験をします」と保健室に一声かける工夫がいる。
- 毎年、体育祭（運動会）の時期になると、保健室にケガをして運ばれてくる子どもが増える。子どもの心身に負荷をかけすぎるような種目だったり、あるいは、事前準備のための子どもの身体的なトレーニングなどが十分に足りていないのではないか。

このように日々の子どもの様子を見ながら、たとえばある教育実践、学校行事等のなか

に潜む子どもの心身への過剰な負荷や教員の子ども理解等の課題や、学校の条件整備の課題など、養護教諭の視点から学校における子どもの安全面での諸課題に気づくことは多々あるのではないかと思います。このような養護教諭からの気づき、声に対して、他の教職員はどのように対応しているのでしょうか？

　あるいは、日々の教育実践のなかで生じた子どものケガなどについて、養護教諭はそのケガをした子どもの声に耳を傾けたり、あるいは保護者からの苦情や問い合わせ、相談などに対応することも多々あるでしょう。このような子どもの声、保護者からの苦情などのなかには、学校における子どもの安全確保面での諸課題を指摘するものも含まれているでしょう。

　このように、養護教諭を含め学校内での子どもの安全面での諸課題に気づいた教職員の誰かが「このままでは何か重大な事故・事件が起きるのではないか？」と声を発したり、子どもや保護者からの「このような取り組みは危ないのではないか？」と疑問を発したりしたときに、周囲の教職員がその声をきちんと受け止め、その場で立ち止まって安全点検・確認を呼びかけることができるかどうか。それが、事故・事件の未然防止につながる第一歩ではないかと思います。あるいは、日頃から学校の教育実践や条件整備のあり方に対して、たとえばひとりひとりの教職員が立ち止まって「どこに課題があるのだろうか？」と考えて意見を発したり、あるいは子どもや保護者の声にじっくりと耳を傾けたり、同僚の教職員や管理職、他の職種の人々と十分に意見交換ができたりする雰囲気のある学校づくりが、そのまま学校事故・事件の未然防止のための「協働」の取り組みだといえます。

（3）重大事故・事件の事後対応場面での「協働」のあり方

　実は重大事故・事件が起きたあとの対応、つまり事後対応場面での「協働」の取り組みにおいても、⑵で述べたことは重要になってきます。

　たとえば調査・検証の場面では、亡くなった子どもに起きた出来事について、その子どもに関わる教職員や周囲の子どもから「あのとき、こんなことがあった」という記憶や、「あのとき、こんな思いではなかったか」といった小さな気づきを、まずは十分に話せる・聴いてもらえる環境を整えていくこと。また、その話した内容が適切に記録・整理されていくとともに、再発防止策づくりの検討にあたって十分に尊重されること。同様に、亡くなった子どもの遺族についても、たとえば「あの子は亡くなる前は、このような子どもだった」という話を、何度もくり返し話せる・聴いてもらえる環境を整えることが必要でしょう。事後対応場面で学校現場にかかわっていく多様な専門職、特に調査組織にかかわる人々には、まずは、このことが求められると思います。

と同時に、亡くなった子どもの遺族や周囲の子ども・教職員からの話をていねいに聴き取り、事実関係を整理してとりまとめた上で、調査組織にかかわる人びとの側も「聴き取った内容をふまえて、自分たちは事実関係をどのように認識し、何が課題だと思うのか」を適切に説明していく必要があるでしょう。これこそがまさに「応答」です。もちろん事後対応にかかわる調査組織側の見解が、すぐにその「応答」場面で、遺族を含む多様な人びとに理解されるとは限りません。また、見解への異論や疑問、批判等も出てくることもあるでしょう。ですが、これまで本章で述べてきたことをふまえると、調査組織がその「応答」の場面を回避すればするほど、遺族を含む多様な人びとから調査組織への不信感を招き、関係者間の対立の構図を深めてしまう危険性があると思われます。

　学校・教育行政の従来の事後対応については、先述のとおり、遺族からは「組織防衛のために不十分な調査が行われ、当事者に説明をしない、意見を聞かない、情報を開示しない」という批判の声が高まっています。このような批判の声に対して、「一日も早く学校再開」を目指す事後対応ではなくて、いったん学校や教育行政がそこで立ち止まって「遺族や周囲の子どもの声を聴く」あるいは「教職員が自ら、日頃の教育実践や子ども理解の点検をする」という視点からの事後対応ができるかどうか。また、そのような事後対応を多様な専門職が後押しできるかどうか。そこが今後、重大事故・事件の事後対応における「協働」のあり方として問われてくると思います。

［注］
(1)たとえば住友剛「学校事故・事件とスクールソーシャルワーク」（日本スクールソーシャルワーク協会編『子どもにえらばれるためのスクールソーシャルワーク』学苑社、2016年、第7章）を参照。
(2)この「事後対応」をめぐる諸問題については、次の文献を参照。
　住友剛「子どもの死亡事故・事件の遺族側から見た学校保健安全法―『事後対応』のあり方をめぐって」『京都精華大学紀要』第38号、2011年
　住友剛「学校における重大事故・事件に関する第三者調査委員会のあり方を考える―調査・検証の実務に携わる上で留意すべきこととは？―」『京都精華大学紀要』第47号、2015年
　住友剛「子どもの重大事故の検証と再発防止の文化をどのように創出するか？―市民、専門性、学問の3つの側面から考える―」『京都精華大学紀要』第48号、2016年
(3)以上の遺族・家族の意見については、文部科学省ホームページ「『学校事故対応に関する調査研究』有識者会議（平成27年度）」の第3回及び第4回の議事要旨」を参照。
　http://www.mext.go.jp/b_menu/shingi/chousa/sports/030/shiryo/1364529.htm（第3回）
　http://www.mext.go.jp/b_menu/shingi/chousa/sports/030/shiryo/1366845.htm（第4回）
(4)「『学校事故対応に関する指針』の公表について（通知）」(27文科初第1785号、2016年3月31日付け文部科学省初等中等教育局長)
　http://www.mext.go.jp/a_menu/kenko/anzen/1369565.htm
(5)宮脇勝哉・宮脇啓子『先生はぼくらを守らない』（エピック、2004年）を参照。
(6)住友剛・小野田正利「［対談］熱中症事故の背景にある『重層的なズレ』」『季刊教育法』第187号、

2015年
(7)入海英里子「いじめ・暴力・修復的対話」前出『子どもたちにえらばれるためのスクールソーシャルワーク』第8章第3節、p.138
(8)山下英三郎『いじめ・損なわれた関係を築きなおす　修復的対話というアプローチ』学苑社、2010年、p.74
(9)文部科学省「学校事故対応に関する指針」（2016年3月31日）p.15
　http://www.mext.go.jp/a_menu/kenko/anzen/__icsFiles/afieldfile/2016/04/08/1369565_1.pdf
(10)同上、p.18
(11)大庭健『民を殺す国・日本　足尾鉱毒事件からフクシマへ』筑摩書房、2015年、p.156

第4章

"チーム学校" Q&A
―スクールソーシャルワーカーはこう考えます―

Q1 担任として日々子どもの様子を見ていて、いじめかどうか判断に迷っています。また、判断に迷うので、具体的な対応が思いつかず悩んでいます。このようなとき、校内のいじめ対策組織やスクールソーシャルワーカーに何を伝え、どのような連携を図っていけばいいでしょうか。

情報の整理から

　日々の多忙な中で、子どもたちの人間関係の小さな変化に気づいているアンテナの高さが素晴らしいと思います。学級担任として集団の相互関係の中での成長・発達という点に着目されているからこそ、「最近、何かが違うぞ」と察することができたのではないでしょうか。

　まず、情報の整理という視点で考えていきませんか。

　どのような場面での、どのような事柄が気になるのでしょう。いじめを受けていると"思われる"子どもの表情や学習状況、授業態度や出欠状況、他の友人との関係、給食時や休み時間の様子、生活ノートや校内の生活アンケート等の記述内容から、何かを察したのでしょうか。それとも、いじめをしていると"思われる"子どもの様子や言動から何かを察したのでしょうか。それが１人なのか複数なのかでも対応が異なるかもしれません。さらには、部活動や専科の先生などその子に関わりのある他の先生方は、そのお子さんはどのように見受けられているのでしょうか。また、両者の学校生活上みられる言動の変化とともに、家庭環境の変化などにも着目することも大切です。さらには、いじめをしていると"思われる"子どもが、他の子どもたちなどから脅迫をされていたりいじめを受けていたりする可能性も少なくはありません。ぜひ、目の前で起きている事象にのみに着目するのではなく、一歩下がって視野を広くして、周囲を見回していただければと思います。

子どもの人間関係の質を問う

　２つめに人間関係の質です。これは、その人間関係が子どもたちの成長の糧となるものなのか、それとも害となってしまうものなのかといった点に着目します。子ども時代は、成長過程にいる子どもたちが他者と関わる際に、多かれ少なかれ、摩擦が生じます。自分と異なる価値観を持つ他者とぶつかりながらも折り合いをつけることを学ぶ、大事な時期

でもあります。しかしここで言うまでもなく、「いじめ」という他者の学びや遊ぶことを侵害する行為は、決して許されることではありませんし、両者ともに成長の害になることは言うまでもありません。この視点に立った時、その人間関係がいじめなのかどうかを見極めるポイントにもなるでしょう。

上述した2つのポイントの視点で見ていくと、複雑そうに見えた現象も、自ずと整理されていくのではないでしょうか。このような段階で他者に相談することは、周囲にご自身の担任としての力量を低く見られてしまうのではないかと考えがちですが、むしろ、早期に子どもたちのSOSをキャッチし、適切に対応するために同僚や他者に相談することは、自身の見立てに客観性を担保する上でも、担任の先生の「抱え込み」を抑止するためにも、重要なことであると考えます。

スクールソーシャルワーカーやいじめ対策委員会へは

スクールソーシャルワーカーに相談を持ち掛ける場合には、担任の先生自身が、「気になっていること」を率直に伝えていくとよいでしょう。上述したような子どもたちの様子を共に整理をし、全体像を把握していくことで、何か糸口が見いだせるのかもしれません。

校内のいじめ対策組織には、「気になっている事案」があることを伝えるとともに、その「事案」に関わるすべての子どもたちの様子について、学校全体で情報を収集していきたいこと、教職員全体で少し気にかけて見守り、必要に応じて声掛けをしてほしいこと、また、担任としてどのように対応していこうと考えているか、経過については常時報告をしていく旨を伝えていくことが大切ではないでしょうか。いじめかどうかを判断することも大切ですが、多くの大人が子どもたちを「見守っている」「気にかけている」ことを伝えていくことで、問題悪化の抑止力になるとともに、子どもたちの安心感にもつながる。このことこそが大切だと考えます。

何事も、きっかけは些細な出来事から始まります。しかしその些細な出来事を見て見ぬふりをしたり、誤魔化したりしまうことによって、事が大きくなっていくものです。さらに言えば、「いじめ防止対策推進法」には、いじめが発生した場合の対応について多くが盛り込まれている一方で、その根幹は、"すべての子どもたち"が「安心して学習やその他の活動に取り組むことができる」ように、環境を整えていくことにあります。

「いじめ防止」「いじめ早期発見」の入口は、「判断に迷う子ども同士の人間関係の変化」をいかに察知することができるか、そしてその変化を気軽に相談できる校内外のチームワークや雰囲気づくりがカギを握っているのではないでしょうか。

> **Q2** 通常学級か特別支援学級かの選択で、いま学校と保護者との間で意見がまとまらず、子ども自身も困っています。学年主任として仲裁できるようなチームをつくり会議を開催したいのですが、それまでの準備や会議の司会をする上で大切なポイントを教えてください。

想いを重ねるには

　「どこの学級に所属するか」という点で意見がまとまらない、という話はよく耳にします。しかし、よくよく学校側と保護者側の双方の意見を伺うと、「子どもにより良い教育を受けさせてあげたい」という想いは共通しているようです。

　ではなぜ想いは共通しているのに意見がまとまらない、悪く言えば、対立してしまうような構図になってしまうのでしょうか。2つの事例を通してみていきましょう。

　Aくんは小学校4年生です。小学低学年から勉強についていけていませんでしたが、学校では大人しく、愛らしい表情も相まって対人トラブルもなく過ごしてきました。これまでの担任の先生はこのままでいいのだろうかと悩みながらも、保護者にはやんわりと本人の様子を伝えるのみで、特別なサポートが必要であるということは伝えてきませんでした。しかし、10月に行われた教育相談で今年度からの担任の先生から、「Aくんは授業についていけていない。特別支援学級で本人にあった学習をした方が良い」と突然言われ、母親は衝撃を受け、その後、学校側の話を一切聞こうとしません。

　一方、隣のクラスのBさんも小学校4年生です。3歳児健康診査で発達の遅れの疑いを指摘されてから、療育施設や地元の保健師さんとも相談をしながら、地元の幼稚園に通ってきました。担任の先生とも話し合いを重ねながら過ごしてきました。幼稚園での情報は就学後にも引き継がれ、短い時間でも学期ごとに担任の先生と話をすることで、子どもの成長点と課題点を確認してきました。10月に行われた教育相談でとうとう「Bさんはこれ以上授業についていけない。特別支援学級で本人にあった学習をした方が良い」と言われましたが、母親も納得の上で手続きを進めていくことができました。

　この2つの事例を皆さんはどのようにご覧になったでしょうか。さまざまな要因の重なりの違いが、その後の学校と保護者の関係性に大きな影響を及ぼしています。共に同じタイミングで特別支援学級への入級を進められていますが、2人の母親の態度は全く異なり

ます。何が違ったのでしょうか。

　1つは、"早期発見・早期療育"が進められていたかどうか。2つめは、子どもの成長・発達を学校と家庭の"双方向から、継続的に"見守ってきたのかどうか。3つめに、上記2つがなされてきたことで"保護者の障がい受容"の有無も大きく影響をうけます。4つめに、学校側が子どもにとってより良い学びの場を考えてくれた結果の打診であると保護者が"納得"できるだけの"時間をかけて情報提供"が行われてきたかどうか。5つめに、"家庭・学校・第三者機関（医療、保健、福祉など）との連携"の有無。そして6つめに、"信頼関係（ラポール）の構築"ができていたかどうか、があげられるでしょう。

子どものためにより良い選択を

　司会者の方は、本当の意味で「子どものためにより良い選択を」という視点で、公平な立場で双方の想いを丁寧に聞いていく必要があります。そのためには、上記6点が十分に理解しあえているかどうか整理した上で、これまで対応と現状、さらにはこれからの選択肢と見通しを持った情報提供がなされなければなりません。

　学校側が特別支援学級入級を望ましいと考えている場合、いま現在、通常学級でどのような授業展開が行われており、本人はどの程度の理解や進み具合なのか、学校で困難な時にはどのようなサポートをしているのかまたは可能なのか、子どもたち同士の助け合いの様子はどうなのか、学習理解が難しい結果として学校生活にどのような影響が出ているのか、支援学級に入級することがどのような効果を生むのかなど、主語を当該子どもとして現状を整理する必要があります。

　一方で、保護者が通常学級を強く望んでいる場合、その必要性についても十分検討しなければなりません。子どもの成長・発達にとって「合理的な配慮」がなされる必要があるからです。

　1度の話し合いですべてを解決しようとすることは危険です。焦ってしまい、十分に想いを話すことができず、誤解を招き、話し合いが平行線に終わってしまいかねません。時間をかけて双方の理解を図ること、そのためには、余裕を持って話し合いを進めること、相互の納得のできる歩み寄り点を模索すること、次回の話し合いまでに家庭・学校でできることを確認すること、そしてゴール地点をどこにおくのか、そのゴール地点から逆算して、今何を成すべきか、子どもにとって何が望ましい状況なのかを、一緒に探っていくことが求められるのではないでしょうか。

Q3 背景に深刻ないじめがあると疑われる子どもの長期欠席が起きた時、校内のいじめ対策組織はスクールソーシャルワーカーやスクールカウンセラーと連携しながら、その子どもや周囲の子ども、保護者、教職員へどのように事実確認と事後の対応を行えばいいでしょうか。

「疑い」の段階ですでに「重大事態」

　まずは、"「疑い」の段階ですでに「重大事態」である"という認識をもち、校内において最優先事項として検討する必要があります。管理職自らリーダーシップを発揮し、子どもたちに日頃関わる教職員を招集し、いじめの疑いとなる"根拠"について、校内でできる限りの現状把握に努めます。その上で、事実確認には、誰が、誰に、どのような場面で、いつ、実施するか等役割分担し、その情報収集を誰に集約し、その後の対応を検討するかなど、具体的に検討することが望まれます。

　いじめは、いじめ防止対策推進法第2条で定められている通り、「当該行為の対象となった児童等が心身の苦痛を感じているもの」を指しているため、第一にいじめを受けたと"疑われる"子どもの言動が尊重されるべきです。しかし、その子どもが素直にいじめの実態を話してくれるとは限りません。他者、特に大人に対する不信感が根強く、十分なコミュニケーションを図ることが困難な場合も想定されるでしょう。そのような場合には、聞き取りをすることで極度の不安を感じたり、フラッシュバックしたりするなどの"二次被害"が生じないよう、十分な配慮が大切です。その場合、必要に応じて担任以外の者が対応することが望ましいこともあることを念頭に入れることが大切です。そして、可能な限り、聞き取りをするだけでなく、継続的なサポートを行えるような支援体制を組むこと、さらには、子どもたちの学習権をいかに保障していくか、友人関係をいかに維持していくかについても、校内組織は十分に検討していくことが求められます。

　いじめを行ったと"疑われる"子どもに対しては、一方的に決めつけて排除することなく、本人の言い分にも耳を傾けることは大切です。本人の家庭的背景や本人自身もなんらかの被害者かもしれないこと、もしいじめを行っている事実が発覚した場合でも、その言動のみについて注目すべきであり、本人自身の存在を否定したり、尊厳を傷つけるようなことはあってはなりません。

　さらに、周囲の子どもたちから聞き取りを行う場合には、その子どもたち自身もまた間

接的に傷ついていること、見て見ぬふりをしてしまった後悔や、次は自分が標的になってしまうのではないかという恐怖心が入り混じっていること、これからこの問題がどうなっていくか見通しが持てない不安を抱えていることなどを考慮に入れて行う姿勢が求められます。その上で、勇気を出して話してくれたことに対する感謝を伝えながら、自分たちに危害が及ばないよう最大限配慮していくことを約束し、安心して話をしてもらえる環境を整えることも重要です。

関係する保護者は、その立場によって事態の見え方も大きくかわるかもしれません。被害・加害の側によって言い分も異なり、相手やその家族に対する思いも異なることでしょう。しかし、どちらの保護者も、我が子の成長・発達、友人関係や将来のことを案じている気持ちは変わりません。そして、子どもとの向き合い方が分からなくなっているかもしれません。1つひとつじっくりと整理をしながら、子どもとどう向き合っていくかを考えていく時間と場が必要となるかもしれません。

事後対応は新たな教育のはじまり

情報が集約・共有され、今後の対応を検討していく際に気を付けるべきことは、当たり前のことではありますが、学校は裁判する場ではなく"教育する場"であるということを忘れないことです。教員は、子どもたちを裁く立場にはなく、教育する専門家です。社会の厳罰化の流れとの間に立ち、葛藤を余儀なくされている教職員も多く、それが当たり前と考える教職員が一部で存在することも事実です。さらに教職員間で、子どもたちの歪んだコミュニケーション方法やストレスのはけ口の1つとしていじめの問題が生じている背景に、おとな同士や社会全体の歪みがあるかもしれないということを、改めて認識しておく必要があるかもしれません。大人の価値観や人間関係は、大なり小なり、子どもたちの世界にも影響を及ぼしています。そして、このままではいけないとSOSを発してくれています。だからこそ、個々の子どもたちのケアとともに、学校内はもちろんのこと、保護者も含めた地域全体で、どのようにおとな同士がつながっていくことができるのかを考えていく機会を図っていくことも同時に必要となるのではないでしょうか。

> **Q4** 勤務先の校長先生に、「チーム学校」は個々の問題への対処だけでなく、日々の学校での「チーム体制の構築」に役立たないといけないと言われました。世代や考え方の異なる教職員集団を前にすると、その説明がとても難しいのですが、スクールソーシャルワーカーだったら職員会議でどのように話をしますか。

日々の学校でのチーム体制の構築

　「チーム学校」の中で示されたものの一つとして、「専門性に基づくチーム体制の構築」というものがあります。さまざまな専門性を持ったスタッフが学校の中で教員と連携して子どもの学びを支えていくといったイメージです。では子どもがさまざまな困難を抱えていて担任が一人で対応することが難しい場合など、担任の代わりにスクールソーシャルワーカーが対応すればいいのでしょうか。そんな単純なことではないですね。子どもにとって担任の先生との関係は学校生活を送るうえで大きな力になりますし、スクールソーシャルワーカーは担任にはなれません。そこでチーム対応が必要になってくるわけです。そして、そのためのベースになるのが校長先生の言われた「日々の学校でのチーム体制の構築」です。

教職員がチームになって一人の子どもの支援を協議する（ケース会議）

　学校では各部会や委員会、行事などがあり先生方は日常的にチームで動いていると思われているかもしれません。では、一人の子どもに対しての対応についてはどうでしょうか。
　あるときケース会議をはじめて経験された学級担任と学年主任が、「ケース会議はすごい！」と言われたことがあります。「何がすごいのですか？」とお聞きすると、担任からは、「学年教員だけでなく、管理職や生徒指導、養護教諭やスクールカウンセラー、スクールソーシャルワーカーも参加してその子や親のことを一緒に考えてくれたこと、その中でその子や親の困っていることが新たに分かり自分の話し方や聴き方も変えることができたこと、また具体的にできることも整理がつき気持ちが楽になった」といったことが話されました。学年主任は、「担任が抱えていたことやその子や親の抱えていることが整理できたこと、具体的な手立てを協力しながら行うことが決まり見通したように進んだこと、担任のクラスの子どもだが、学年の子どもでもあり学校の子どもあるという当たり前のことが

共有できた」といったことを話されました。このときにできたチームと日ごろの分掌としてのチームは何が違うと思われますか。

「子どものためのチーム」ができる校内システム

　クラスの子どものことは担任がしっかり関係をつくって対応することが子どもにとっても幸せなことです。しかしそれは担任が一人で抱え込むこととは別です。ケース会議によって担任が行ったほうが良いことと管理職や主任、養護教諭、そしてスクールカウンセラーやスクールソーシャルワーカーが行えることが明確にできます。このチーム対応によって結果的には担任も力を発揮することができ子どもの利益につながります。こうしたメリットを日ごろから学級担任に理解してもらうことと、チーム対応につなげていく校内システムが構築されることがポイントです。

　ある学校では、さまざまな課題を抱える子どもについて、生徒指導、教育相談、特別支援といった部会がそれぞれ気になる子どもの対応を考えていました。しかし、同じ子どもが複数の部会で報告されることがたびたびあり、3つの部会が一緒に行われることになりました。その結果子どもの表面的な事象対応だけでなく背景にある共通した課題に目を向けることが普段から行われるようになり、気になる子どもの状況を学校全体で見ていくようになりました。さらにその場では、個別のケース会議の必要性が検討され、必要であれば学年と調整し別に開催されるようになりました。また担任や学年側からケース会議の要請が部会に上がってくることもでてきました。こうした仕組みがうまくできたのは部会をまとめ情報を集約しケース会議を調整するためのコーディネーター教員の存在でした。

　このコーディネーター教員は、校内ではスクールソーシャルワーカーやスクールカウンセラーと教員とのつなぎ役でもあり、対外的には関係機関との連携の窓口にもなっていました。また部会の場だけでなく日常的に職員室や校内で他の教職員と積極的にコミュニケーションをとっており、まさに職員室全体の「担任」のような存在になっていました。やがて校内におけるスムーズな情報の流れと、それを共有・検討する場としての部会、そして調整役のコーディネーターの存在が学校システムとして回り始めました。そしてケース会議も継続的に行われるようになり、校内のチーム体制構築につながっていきました。

Q5 生徒指導担当として悩んでいます。定例会議で、ある事例についてスクールソーシャルワーカーとスクールカウンセラーの見解が異なり、よく対立することがあります。こんな対立の構図を作らずに、どう協働が図れるのか。そのことを会議の準備のところで話題にしたいのですが、どうしていけばいいですか。

注目する部分の重なりと異なり

スクールカウンセラーとスクールソーシャルワーカーの見解がなぜ異なるように見えるのでしょうか。スクールソーシャルワーカーは個人を身体と心と社会が相互に影響し合っている存在としてとらえています。ですので、個人をとりまく環境としての家族や学校など社会の状

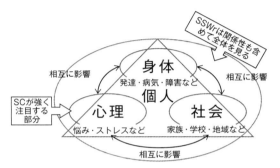

図　スクールカウンセラーとスクールソーシャルワーカーの、個人を見る視点

態がどうなのか、環境との関係性から身体や心がどのような影響を受けているのか、といった見かたをします。さらにはそれらの過去から現在までの積み重ねを含めて、身体・心理・社会を立体的に理解しようとします。これを包括的アセスメントと呼んでいます。一方スクールカウンセラーは、その結果、個人が今どのような心理状態であるかといったことを主に分析します。これは、両者がその専門性の違いから注目する部分が異なっているだけであり、見解が異なっているわけではありません。

定例会議なので限られた情報の中での場面だと思います。その場合、少ない情報からの見立て（アセスメント）はさまざまな可能性がある幅の広いものになります。スクールカウンセラーは、その情報から読み取れるその子や親の心理的状態を話すかもしれませんし、スクールソーシャルワーカーは、その心理状態に影響を与えている親子の生活状態を話すかもしれません。両者の話す中身は異なっていますが、どちらもその子の状態を読み取っていることになります。このアセスメントの精度をあげていくためにはさらに情報が必要になってきますし、その情報によってお互いのアセスメントを確認していくことが可能になります。

このように会議の参加者がその専門性や立場を生かして多面的、複眼的にその事例をとらえることで包括的なアセスメントになっていきます。包括的アセスメントとは、得られ

た情報をもとにその個人の心の状態、生活の状態、身体の状態がどうであり、どの関係性の中で問題が生じたり解決されたりする可能性があるのかを見ることです。教師の言葉で言えば、「児童生徒の多面的・総合的理解」ということになります。

3者の相互作用を伴う協働

　ある定例会議で、ネグレクトが疑われる子どもが報告されたことがあります。その子の学校での様子を聞いて、スクールカウンセラーからカウンセリングを検討してはどうかとの見解がだされました。スクールソーシャルワーカーとしては、ネグレクトとして虐待通告の可能性を考えましたが、どの情報からネグレクトが疑われるのか、どの情報からその子にカウンセリングが必要かということを教員とスクールカウンセラー、スクールソーシャルワーカーの3者で共通理解していく必要があると考えました。そして、あらためて校内の関係者が集まりその子についての会議（ケース会議）を行うことになりました。

　情報が追加され整理されたことで、最近の母親の環境と体調変化から生活課題が大きくなっている可能性が高いことがアセスメントされ、ネグレクト状態になっていると判断されました。子どもの状態はその環境の変化によるものが大きいと考えられました。そのためまず虐待通告を行い関係機関との連携ケース会議が持たれました。その中で母親への支援の必要性が共通認識され、手立てとして、母親に対する生活支援を身近な市の家庭児童相談室が相談にのることになりました。また、子どもについては、スクールカウンセラーのカウンセリングにつなぎながら担任との関係性を強めていくことが検討されました。

　このケースでは、スクールカウンセラーやスクールソーシャルワーカー、教員に加え、関係機関が多面的・複眼的にその子や母親の状態をとらえることで教員やスクールカウンセラー、関係機関がそれぞれの専門性を用いた手立てにつながりました。包括的アセスメントの結果、スクールカウンセラーによるカウンセリングが有効な手立ての一つになる場合もあります。一方で、包括的アセスメントによるその子の環境との関係性の分析は、スクールカウンセラーにとってもカウンセリングや見立てを行うための重要な情報になります。スクールカウンセラーによるその子や親の心理的状態の分析は、包括的アセスメントや手立てにとって重要な情報の一つとなります。このように両者は相互作用を伴う協働関係であり、それは、学校、スクールカウンセラー、スクールソーシャルワーカーの協働関係にもつながるものです。生徒指導の定例会議に両者が一緒に参加していることがとてもすばらしいことだと思います。会議の準備のなかでは、こうした両者の特徴理解や参加者が包括的アセスメントを意識できるように生徒指導主任の立場や役割として、助言・コーディネートする部分を発揮してもらうといいですね。

> **Q6** 本校の校長先生は、以前、児童相談所と関わりを持って、うまくいかずいやな思いをしたようで、外部の関係機関と連携を図ることに躊躇する気持ちがあるようです。こんな校長先生に、学校と児童相談所や市町村の子ども家庭福祉の相談機関との相互理解を深めることを提案したいのですが、教頭の私からどう説明するといいでしょうか。

　校長先生は以前の児童相談所との関わりの中で、おそらくつないだあとの児童相談所の対応やその後の親との関わりなどで「なぜ？」という不満が残ったのではないでしょうか。教頭先生の立場からすれば、そのことを校長先生がご自分の経験の中で終わらせてしまわずに学校と外部機関との連携でうまくいかないことがなぜ起きるのか、どうすればうまくいくのかといったことを一緒に理解していただきたいと思われているのですね。

児童相談所が動きやすい情報を伝える

　以前、新たな学校にスクールソーシャルワーカーとして勤務して間もないころ、そこの校長先生から「ひどいネグレクト状態にもかかわらず児童相談所は動いてくれない」と言われたことがあります。子どもがほとんどお風呂に入っておらず、朝食も食べていない様子で、体操服もほとんど洗濯されていないような状態が一か月以上続いていたため、学校から児童相談所へ相談をかけたケースでした。学校としては、子どもは毎日学校に来ているので、親に対してあまり突っ込んだ話もできないことから、児童相談所から様子を見てもらって親に対して何らかの話をしてもらいたかったようです。しかし、児童相談所からは、子どもは学校に来ており親にも会えていることから学校でしばらく様子を見てくださいと言われ動いてくれないということでした。校長先生としては、児童相談所につないだものの見通しが立たない状態になり、結局「なぜ？」という思いが残ったままになりました。

　そこで、あらためて校内でその子の支援を協議する会議（校内ケース会議）を持ってもらい学校としての子どもや親が抱えている課題の見立て（アセスメント）を共有し、それに基づいた手立てを確認することにしました。そのうえで、あらためてネグレクトとしての虐待通告を行ったうえで児童相談所及び市の家庭児童相談室も参加してのケース会議を行いました。学校からはアセスメントとともに子どもの健康リスクと保健室での様子をお

伝えしました。それに対して児童相談所は、以前の連絡は相談事案として所内では虐待ケースにしていなかったこと、あらためて本児の健康リスクに対する認識ができたこと、しかし、一時保護などの緊急性は認められないこと、要保護児童対策地域協議会ケースとして市の家庭児童相談室が主担当として対応していくことが話されました。そのうえで、学校は本児の健康状態や登校状況、学校での様子を家庭児童相談室と共有していくことが確認され、家庭児童相談室は民生児童委員の協力を得て母親支援に向けての関係づくりを行うことを確認しました。このケース会議によって、少なくとも学校が持っていた「なぜ？」という思いはなくなり、当面の見通しを持つことができました。

最初の状態のままであれば、本校の校長先生のようにいやな思いだけが残ったかもしれません。ではこの場合なぜ連携の状況が変わったのでしょうか。ひとつは校内ケース会議を行ったことで学校としてのアセスメントや手立てが確認でき虐待として通告したことです。もうひとつは、そのうえで、学校と児童相談所のケース会議が持たれ、本児のリスクの共有、アセスメントと目標の共有、手立ての共有といったことができたことで連携がうまく進んだのではないでしょうか。

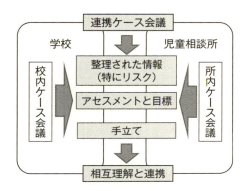

図　学校と児童相談所の連携

校内連携、外部機関連携ができていると親との関係もうまくいく

児童相談所につないだことで学校と親の関係が悪くなったという話も聞きます。校長先生が連携を躊躇するのもひょっとしたら関係しているかもしれません。児童相談所につないで親との関係がまずくなるのは児童相談所と学校の連携がうまくいっていない場合が多いようです。学校はこのケースで子どもや親の状態をどう見ているのか、学校は親との関係から子どもに何をもたらそうとしているのか、それは子どものためになぜ必要なのか、こうしたことを児童相談所としっかり共有できている学校はつないだあとも親との関係に見通しを持つことができます。

連携がうまくいくためには、学校側の窓口がはっきり決まっていて、担当教員にそのケースの情報がすべて集約されていることが基本です。そして、担当教員が管理職とつながっていて学校の考えがきっちり確認されていることが必要です。これは校内における連携、チーム体制ができていることで可能になります。外部の関係機関と連携をうまく図っている学校は、校内における連携、チーム体制の構築がうまくいっている学校です。

> **Q7** 高校で、卒業後に視点を置いた校内チームづくりを行うとき、進路指導担当として何を考えてどんな行動をすればいいでしょうか。

校内での情報収集

　「不安や自信がないのは、みんな同じだって励ましたんだけど……」と進路指導のB先生からAくんのことで呼び止められました。B先生は、昨年進学校から異動してきた数学の先生です。「毎日1度は驚くようなことがありますよ」、と呟くものの、最近では生徒とのやりとりも冗談を交えながら、すっかり馴染んでいるように見えます。

　放課後になったばかりだったので、Aくんがまだ教室に残っているかもしれないと、教室に行ってみることにしました。Aくんは下校した後でしたが、教室の中を見せてもらうことにしました。Aくんの机を見ると、教科書やノート、筆記用具がごちゃごちゃに詰め込まれていて、丸められたプリントが今にも落ちそうになっています。B先生も、少し驚いた表情で、机の中を覗き込みました。その後、保健室に立ち寄ると、養護教諭は、3年前に卒業したAくんの姉のことを話してくれました。Aくんと同じように、1人でいることが多かったこと、保健室に頻回来室しており、姉は特別支援学級に在籍していたこともあると話していたそうです。B先生も、初めて聞くことが沢山あったようです。そこでスクールソーシャルワーカーから「本人や母親から話を聞く前に、今すでにある情報を整理してみませんか？」と提案しました。

チームの仲間を探す―アセスメントシートでチームづくりのウォーミングアップ

　職員室に戻りスクールソーシャルワーカーは、アセスメントシートの「本人に関する情報」の部分を拡大コピーして、担任、進路指導、養護教諭、Aくんと関わりのある教科の先生方に、Aくんについて、心に残っているエピソードをふせんに書いて張ってもらいました。「感想を書くように何度も言ったら泣いてしまった」、「家にいたくないから学校は休まないと言っていた」、「授業中、冗談を言うと他の生徒は笑うのに、一人だけ無反応」など、答えや評価の必要がないコメントの中には、「学校では何とかなる（指導の対象ではない）けれど、社会に出たら苦労するだろうな」という、卒業後を考える時の重要なポイントが含まれていることがあります。

エピソードを整理してみると、「コミュニケーションの問題」が大きいこと、Aくんと母親の関係に配慮した対応が必要であること、Aくんが自己決定していくためにもAくん自身がチームのメンバーになる必要があること等を確認しました。協力してくださった先生方には、今後もAくんを見守ったり、時にはサポートしたりする「Aくんチーム」のメンバーになってほしいとお願いしました。

個別の面談でチームの核づくり―本人と保護者の思いを中心に―

　担任とスクールソーシャルワーカーで、母親と面談し、母親のこれまでの苦労を労いながら、Aくんの現状を少しずつ伝えていきました。最初は表情が硬く、身構えているように見えましたが、離婚後は、パートタイムをかけもちして、朝から夜遅くまで働いてきたこと、Aくんが中2の時、担任の先生から、言葉の少なさや、不注意について心配された時、母親自身もうつ病で、通院をしながら働いており、Aくんのことまで気が回らなかったことを話してくれました。その後は、Aくんとの会話がかみ合わずにイライラすることはあったものの、家庭生活で困ることはなかったため、そのままにしてしまったそうです。スクールソーシャルワーカーから、受診や検査をすることで、Aくんにとって、学校生活でどのような配慮が出来そうか、進路についてどのような選択肢が出てくるのか等の説明をしました。また、Aくんも自己理解を深め、就労だけでなく、社会で孤立しないためのネットワークを確認する必要がありそうであることを伝えました。同時並行して、別室ではAくんと進路指導担当が市内の地図を見ながら話をしていました。そこに母親と移動して、改めて、Aくんに母親に学校に来てもらった理由を説明しました。Aくんは不安そうに何度も母親の顔を見ていましたが、母親から「忙しかったり、調子悪かったりして……ごめんね」と声をかけられると、小さくうなずきました。

　卒業後の社会生活では、自分の問題を自分のものとして理解し、自ら動かなくてはならない場面も増えていきます。校内のチームは、地域のサポートネットワークの縮小版とも言えます。教師とのやりとりの中で安心して「つながる」経験を積むことにもなります。

Q8 ひきこもり状態の子どもとの関わりに諦めを感じている教師に、どんな言葉かけや促しをすれば心に響くでしょうか。

見えない生徒を支える孤独

　中学校で、Sくんの姿を見たことがある教師は、2人だけです。小学5年の時に、友だちとのトラブルをきっかけに登校しなくなり、中学校には、まだ一度も登校していません。中1の時は、担任の先生が訪問すると、玄関に出てきて話をすることもありましたが、2年になり、担任がU先生になると、一度顔を見せたきり、玄関に出てくることもなくなりました。小学校での話し合いがうまくいかなかったことから、母親は学校不信になっているようで、家庭訪問をしても、話をしようとせず、Sくんの部屋に「先生、来てるよ」とだけ声をかけて、奥の部屋に行ってしまいます。U先生は、一人残された玄関から、何度かS君の名前を呼びながらも、空しい気持ちにもなることもありました。父親は単身赴任で、姿を見たことはありません。小学校1年と3年の妹がいますが、2人とも欠席が多いようです。「U先生はベテランだし、Sくんのことは、大丈夫ですよね」と、学年主任から声をかけられたことも、時々頭をかすめます。5月も下旬になり、他の生徒は新しいクラスに馴染んだようで、大きなトラブルもありません。少し咳も出て体調も良くないし、今日の家庭訪問はどうしようかな、とSくんに届けるための配布物を整理しながらU先生は考えていました。夕方になって、日中は雲一つなかった空が灰色になり、今にも雨が降りそうです。

つながることの苦しさ

　小学校で、妹たちが休みがちであることを聞いたスクールソーシャルワーカーが、Sくんの様子を聞きに中学校にやってきました。スクールソーシャルワーカーは、教頭先生と少し話をした後、U先生に声をかけてきました。U先生は、頻繁に家庭訪問しているものの、最初の1度しか会えていないことを伝え、つい、「小学校の時の対応が、良くなかったんじゃないかな？」と強い口調で言ってしまいました。スクールソーシャルワーカーは黙って話を聞いていましたが、「少し時間が経っている今だからこそ、新たな視点で聞けることもあると思うので、もう一度小学校と情報交換をして、これからのことを考えてみ

ませんか？」と提案しました。2人の妹の担任も、それぞれ違う悩みを抱えていて、中学校の先生とも話したいと言っている、とのことでした。その場にいた管理職や学年主任とも相談し、スクールソーシャルワーカーのコーディネートで、小中合同のケース会議を行うことにしました。U先生は、スクールソーシャルワーカーから、共通理解を図るために、簡単で良いのでSくんについてまとめておいて欲しい、と言われると、家庭訪問時の空しい気持ちを思い出してしまいました。「ケース会議には出るつもりだけど、Sくんには会えていない訳だし、何も変わらない気もしますね」とまた強い口調で言ってしまいました。いつもと様子が違うことに気が付いた教頭先生が、心配そうにU先生を見ています。スクールソーシャルワーカーは、「思い切って話してみると、みんな同じことで悩んでいたりします。うまくいっていないことの方が、これからのヒントになることもありますよ」と話し、試行錯誤しながら家庭訪問をしているU先生を労いました。

気持ちをシェアするケース会議

　ケース会議は、小学校からは、2人の担任と養護教諭、教頭先生、中学校からはJ先生、1年時の担任、養護教諭、学年主任、教頭先生、生徒指導主事が参加しました。まず、小学校の妹たちや母親の最近の様子について、聞くことになりました。小1の妹の担任の先生と母親は、連絡帳を通じて、コンタクトが取れていました。母親の悩みが書かれることもあり、Sくんについても、「自分のせいで学校に戻るタイミングをなくした」、「小学校にもどって勉強をやり直したいと言っている」と書かれていたことを話してくれました。U先生は、家庭訪問時の母親の様子や、Sくんの教科書が積んだままになっている玄関の様子を伝えました。スクールソーシャルワーカーからは、校外で受けられるSくんの学習支援や、母親のメンタルヘルスをサポートしてくれる機関の紹介もありました。これまで抱えていた気持ちも語ることが出来、それぞれ少しほっとしたような笑顔も見られました。スクールソーシャルワーカーは、「Sくんが学校に来ないことは、誰のせいでもないし、学校に来ることがSくんのゴールではないです。時間がかかるかもしれませんが、定期的に顔を合わせて、小さなことでも情報を共有しながらやっていきましょう」と継続的なケース会議を提案しました。

Q9 貧困がテーマとなるケース会議で、スクールカウンセラーとスクールソーシャルワーカーとが一緒にうごくときに、何を分担すればいいか、何を一緒にすればいいかの判断が難しいのですが。

日ごろの信頼関係から

　高校の相談室で、スクールソーシャルワーカーとスクールカウンセラーが和やかに話をしていました。この高校では、スクールソーシャルワーカーとスクールカウンセラーは、定期的に会い、情報交換をしているため、時間に余裕がある時には、楽しい話題も共有しています。生徒には、それぞれの専門性について説明されていて、自主来談も許可されています。また、初回は、どんな相談でも、どちらに相談しても良いことになっているため、話し合いは欠かせません。ケース会議に同席する時には、事前に打ち合わせをして、ケース会議の中での役割分担と、その後の支援の中での役割分担を確認しています。一緒にうごき始めた頃は、話し合いが足りずに、信頼関係を損ないそうになったり、お互いの仕事を誤解している部分もありました。

　学校から、貧困はスクールソーシャルワーカー、友人関係はスクールカウンセラーと、ケースそのもので振り分けられることもあり、混乱したこともありました。試行錯誤で少し時間もかかりましたが、「情報交換の大切さと有効性を先生方に伝えていきたい」という思いが一致したことが、今の信頼関係につながっています。

見せない貧困：母親を支えるMくんを支えたい

　相談室に、養護教諭が慌てた様子で、Mくんが学校を辞めたいと言っている、と伝えに来ました。Mくんは、よく保健室にやってくる生徒の一人です。スクールソーシャルワーカーは、Mくんが保健室で、来室している生徒にお菓子を配っている場面に居合わせたことがありました。スクールソーシャルワーカーにもお菓子をくれようとするので、「自分の分がなくなるよ」と声をかけると、「自分はいいの、人にあげるのが好きなんだ」と言って、無理にでもくれようとしたMくんの様子が印象深く残っています。「お母さんが病気で家にいるみたい。学校に通って、アルバイトもして、疲れたって……」と、養護教諭は、Mくんの話をかいつまんで説明してくれました。また、学校の様子として、成

績は良いけど、遅刻や早退が多く、友だちとは、自ら距離を置いているように見えることも話してくれました。保健室に、スクールソーシャルワーカーとスクールカウンセラーで行ってみると、Ｍくんは椅子に座り、うつむいていました。しばらくして、担任教諭が保健室にやってきて、Ｍくんの隣に座ると、ホッとしたように顔をあげました。担任教諭から「家のことで悩んでるなら、1度スクールソーシャルワーカーと話してみたら？」と提案されると、小さくうなずきました。

　Ｍくんは母親と二人暮らしで、生活保護を受け、母親は躁うつ病のため、通院しながら自宅療養しているのですが、夜中に泣いたり、騒いだりすることがあるようでした。小学生の頃は、毎日同じ服を着ていたことでいじめられたことや、お弁当を持たせてもらったことがなく、高学年になるとお弁当の日は休んだことも話してくれました。母親が時々衝動買いをしてお金が無くなってしまうので、定期券や昼食代のためにアルバイトをしていること、最近では、学校があっても、不安だから家にいてほしいと引き止められたり、帰ってくるようメールがあったりすることが増えてきたことが、今回の「辞めたい」につながったようでした。Ｍくんは、「貧乏なだけで悲しいのに、そのせいでいじめられるのってつらい」、「自分は誰にも知られないように隠してきたよ」と、ちらちらとスクールソーシャルワーカーの顔を見ながら、小さな声で言いました。スクールソーシャルワーカーは、Ｍくんに学校を続けてほしいと思っていること、これからＭくんのためにできることを考えたい、と伝えました。

始まりは突然でも……

　Ｍくんの承諾が得られたので、スクールソーシャルワーカーはＭくんの現状を先生方に伝えました。急ではあったものの、生活保護課の担当者も来てくれることになり、スクールソーシャルワーカー、スクールカウンセラー、担任教諭、養護教諭、教頭、生活保護課の担当者でのケース会議を開くことにしました。最初に、スクールソーシャルワーカーから、Ｍくんの現状の説明をし、スクールカウンセラーから、今のＭくんに考えられるメンタルヘルスの問題や、今後配慮すべき点について説明がありました。生活保護課の担当者からは、Ｍくんが毎月、アルバイトの報告のために窓口に来た時に家の様子を聞いても、いつも笑顔で「大丈夫です」と帰っていったので安心していたこと、母親の病状を改めて確認して、福祉サービスの利用も検討したいと提案されました。学校で早急に対応できることとして、スクールカウンセラーによる継続的な面接によるケアもＭくんに提案することになりました。今後も、Ｍくんが学校を継続していけるよう、同じメンバーで定期的に情報交換をすることになりました。

> **Q10** 担任が貧困・ネグレクト事例について、行政機関への連絡・通告を躊躇しています。周囲の教師や管理職、子どもの保護者にどう話をすればいいのか、担任の気持ちが動かないようです。養護教諭として、どう促していくと担任はその気になるのでしょうか。

「児童虐待の定義・通告の義務は知っているが……」

　先生方から、虐待の相談があり内容を伺うと、「通告する必要があるか否か」と必ず問われます。児童虐待は、身体的・心理的・性的・育児放棄（ネグレクト）の４つの種類に定義されていますが、「この子自身が、叩かれてるようなことをやっているのではないか」「いつも怒鳴られているが、直接手を挙げられているわけではない」「子どもからの訴えがなければキャッチできない」などという、通告に消極的な意見を耳にすることもあります。

　児童虐待の通告義務については、ほとんどの先生は「知っています」と答えます。しかし、「どのような状態だったら、関係機関に通告すべきか」「何を基準にしたらいいのか」「実際に虐待かどうか、確証が得られない」というのが本音のようです。実際、「通告は、虐待の"疑い"であっても義務であり、特に教職員は、早期発見に努めなければならないことが法律に明記されています」とスクールソーシャルワーカーが伝えても「それは十分承知していますが……タイミングが難しくて」という言葉が返ってきたことがありました。

"通告は支援の入り口" 対応の流れを知る

　「保護者との関係性が悪くなると困る」というのも、現場でよく聞きます。教職員として当然の感情だと思います。「これが我が家の方針と言われてしまうと、それ以上は踏み込めない」「親がダブルワークで、子育てに時間をさけず、結果としてネグレクトになっている」といった、"家庭の問題に教職員としてどう関与したらいいか"と悩む先生が少なくありません。

　「自分は通告すべきだと思ったが、管理職が二の足を踏む」と、ある教職員から打ち明けられたことがありました。この場合は「保護者がクレームをつけてくる」というのが主な理由でした。一方で、「学校が通告しても、関係機関は何もしてくれない」と、管理職

がスクールソーシャルワーカーに訴えることがあります。いずれも、通告後の対応や支援の実際をイメージできないことが根底にあるようです。虐待対応には一定の流れと、関与する支援者に役割の分担があることを知れば、このような誤解を避けることができるのではないかと思います。また、"通告は支援の入り口"という言葉があります。通告によって子どもの健やかな発達や成長、安全や権利を護る第一歩になるのです。

判断は、子どもの視点で迅速に

　ここで改めて、質問にある「担任の気持ちが動かない」のはどうしてなのか考えます。例えば、前項で示した理由以外にも、「校内の同僚や管理職に相談できる雰囲気がない」など、日ごろからの人間関係が遠因で、虐待対応への戸惑いが生じているかもしれません。

　なお、虐待か否かの判断については、子どもにとってどうなのか、という「子どもの視点」で行う必要があります。子どもの発達や成長が著しく阻害されることが虐待ですが、結果、愛着の形成が損なわれるなどして、問題行動が出現することがあります。このとき、子どもの背景を理解せず、問題行動だけを指導しようとすれば、悪循環に陥ることになります。教職員からは、子ども自身に問題があるように見えてしまうことがありますので、注意深く観察し、虐待のサインを見落とすことのないようにしなければなりません。

　虐待の問題は複雑で、いくつかの要素がからみあっていることが散見されるのも特徴です。このケースにも、「貧困」が背後にあるようです。ちなみに、「子どもの貧困対策の推進に関する法律」が2013年に成立（翌年には大綱が閣議決定）されるなかで、学校には「日常的な発達保障の場」「プラットフォーム」という機能を有し対応を図ることが期待されています。

対応は、チームワークで柔軟に

　相談者である養護教諭の先生のお立場もあるとは思いますが、担任の思いをくみ取り、まずは校内のチーム体制や良好な人間関係づくりに関与していただきたく思います。虐待の対応は、ひとりでできるものではなく、チームやネットワーク（要保護児童対策地域協議会）での対応が基本だからです。子どもや保護者対応の前面に立つ担任が、自身への組織的なバックアップ体制を実感できれば必ずや「その気になる」ことでしょう。

> **Q11** コミュニティ・スクールの推進会議で、スクールソーシャルワーカーとして話をしてほしいと言われました。総合教育会議や教育委員会の改変など、教育をめぐる課題が数多くあるなかで、ミクロからマクロな問題まで、何をどのように提案すればいいでしょうか。

コミュニティ・スクールとは

　コミュニティ・スクールとは、学校運営協議会を置く学校を指します。この制度（学校運営協議会制度）は、2004年、地域住民や保護者の意向を学校運営に反映させ、協力体制を築くための仕組みとして導入されました（学校の地方教育行政の組織及び運営に関する法律第47条の5）。2016年4月現在、全国で2389校指定されています。

　先行して制度化されていた「学校評議員制度（2000〜）」、そして、コミュニティ・スクール制度以後に定められた「学校評価制度」中にある「学校関係者評価委員会（2007〜）」、法的な措置はないものの、設置が推進されてきた「学校支援地域本部（2003〜）」等、保護者や地域住民が運営に参画できる仕組みがこれまでもありました。2015年には中央教育審議会において、それぞれの課題を整理し一体的に推進するための議論が行われ、同年12月、答申が出されました（「新しい時代の教育や地方創生の実現に向けた学校と地域の連携・協働の在り方と今後の推進方策について」）。その中では、スクールソーシャルワーカーや「チーム学校」との関連などについても取り上げられています。

アンテナを張る・地域を知る・ネットワークをつくる

　一般に、日常的なスクールソーシャルワーカーの職務は、個別（ミクロ）のケース対応が中心だと思います。しかし、そうした援助を行う中で、その課題解決を図る糸口として、メゾレベル、マクロレベルでの視点を持つのもまたソーシャルワーカーの専門性といえます。スクールソーシャルワークにおいても例外ではなく、普段から教育や福祉をめぐる課題や動向、施策や法律などについて、アンテナを張っておく必要があります。貧困、少子化、児童虐待の問題、さらには経済の状況、防災、地方創生などが、社会全体で大きく取りざたされています。

　その上で、教育基本法、教育振興基本計画などに目を通し、質問にもあるような教育委

員会制度の改変など、特に重要な動きについては把握しておきたいものです。幅広くおさえていく中で、例えば、子どもの貧困対策の中でうたわれている「学校をプラットフォームに（位置づける）」ことや、生涯学習・社会教育で取り組まれている「学校を核とした地域づくり（スクール・コミュニティ）」など、分野や枠組みが違いはあっても、類似する理念を持つ提言に気づくこともあります。

また、これまで地域で行われてきた、官民を問わない様々な取り組み、例えば青少年育成やボランティア・NPOの分野、保育や学童保育、子育てひろばなどの子ども・子育て支援関係、高齢者を含めた三世代交流の場といった、社会活動や社会資源について目を向け、数多く足を運ぶことも重要でしょう。実際にやりとりする過程を通して、「子どもの育つ場」を大きくとらえることができます。

そうした日ごろからの積み重ねが、地域を知り、かつネットワークを形成する土台となり、発言を求められるような場面において、生かされることになるのではないかと思います。

スクールソーシャルワーカー自らが感じていることを大切に

とはいえ、会議の席で、スクールソーシャルワーカー自身の立ち位置・姿勢・考え方などを大切にしながら、「スクールソーシャルワーカーならでは」の視点を伝えることは難しいかもしれません。時として、思いや願いが先走ることもあるでしょう。しかし、専門職として理想を持つことは当然あってよいことですし、「推進会議」の場だからこそ、話し合えることもあるはずです。

学校の内外で、子どもたち、保護者、そして教職員の「今」に触れているスクールソーシャルワーカーとして、自らが感じていることを率直に伝えるのはいかがでしょうか。「提案」という形を過度に意識せず、「今」より少しだけ先の「未来」を感じさせるような、生活の中で実現可能なことを話すのです。

子どもたち・家族・地域の営みから見えてくるものをもとにし、関係者が協働できるような、具体的なことを発信していくこと。一過性や即効性よりも、中・長期的なビジョンを見据え、粘り強く関与するという姿勢を示していくこと。これは、日ごろのスクールソーシャルワーカーの業務において、大切なことでもあります。

「社会の動向を踏まえつつ、いつも取り組んでいる、考えている」ことをしっかりお話できるよう、応援しています。

Q12 ある教育委員会の指導主事からの質問です。「川崎の中学生事件」以来、とても気になる生徒がいます。学外の少年が関わっています。このような非行の案件について、どのようなコーディネートをすればいいか、日々悩んでいます。

3つのキー／子どもと家族の理解・既存ネットワークの再確認・セクショナリズムの解消

　質問にお答えする前に、非行への対応について、関係者はどのようなスタンスをとるべきか、また、コーディネートに必要な姿勢は何なのかを考えてみたいと思います。

　非行・逸脱行動が出現し、スクールソーシャルワーカーに支援要請をいただくケースでは、「家庭訪問しても本人が家にいないため、なかなか話せない」「交友関係がつかめない」といった声を先生方からお聞きします。スクールソーシャルワーカーなら打開してくれるのでは、との期待をいただきますが、実はスクールソーシャルワーカーも即時的な対応が難しいことが少なくありません。時間を融通し、接触できるように工夫しているスクールソーシャルワーカーもいますが、不登校になっていたり、学校外のつながりを重視している子どもたちに対して、スクールソーシャルワーカー個人ができることは限られている場合があります。

　触法行為などがあればなおさらで、非行事例については、児童虐待の問題同様、日ごろから、地域ネットワークを形成していくことが必須であることを痛感します。また、SNSなどでのやりとりが当たり前の今、子どもたちのいる空間（居場所）はさまざまで、より広域的になっているということを認識する必要があります。さらに、家族にも複合的な課題があり、協力を得るまでにさまざまなハードルを超えていかなければならないこともあります。

　一方で、学校においては、生徒指導の機能として、非行案件に対する数々のノウハウが積み上げられています。学校と警察との連携、いわゆる「学校警察連絡協議会（学警連）」など、組織的な活動が推進されています。非行対応への王道はなく、学校が行ってきたオーソドックスな方法には学ぶべき点も多いのです。

　これらのことから、これまでの生徒指導の取り組みや学警連などのネットワーク活動の中で、うまく機能しているところを活用しつつも、子どもやその家族の、心情や環境面の

理解に努めることが、関係者が持つべき基本スタンスであると考えます。ただし実際には、より広域的・横断的な対応のために、実効性のあるセクショナリズムの解消、さらに医療・保健・福祉・司法・労働・そして地域といった関係者間での適切な役割分担を行う必要があり、これがコーディネーター役に求められる姿勢であると思います。

3つの対応段階／未然防止・介入・アフターフォローと、3つの役割／指導・支援・調整

　大切な観点として、「非行対応における段階」と「指導主事の役割」にも触れます。段階については、①未然防止（予防的対応）②介入（問題解決的対応）③アフターフォロー（事後的対応）の3つがあるといわれています。質問のケースにおいては、すでに②の段階ですが、これまでどんなことをしていたか（またはしてこなかったか）という①の検証や、③を見据えた視点が不可欠と思います。

　非行対応に限らず、教育行政機関としての学校・教員への「指導」、児童生徒本人やその家族への「支援」、そして関係機関との有機的な結びつきを図る「調整」、この3つの役割を行っているのが、指導主事の先生です。「学校への支援（実際のケース対応）と、指導（行政機関として学校・学級経営を指導）を同時に行わなければならない」というのは、多くの指導主事の先生が経験し、混同する場合があるかもしれませんが、日常的に調整を行っているのは大きな強みとなります。

ソーシャルワークの手法をうまく活用する：悩むより慣れる

　質問にある「気になる生徒」に対しては、学校の関係者とやりとりしながら、今一度状況を整理（アセスメント）してみてはいかがでしょうか。スクールカウンセラーやスクールソーシャルワーカーがいる場合は、ぜひ手を借りて、生徒の心理面、生活面に留意してください。また「エコマップ」などを作成し、生徒を取り巻く環境を可視化するのも有効です。関係機関については、それぞれの持つ機能を理解すると支援の幅が広がります。例えば「少年鑑別所」では、2015年の新法施行にともない、少年や保護者からの相談業務を行うようになりました。こうした新たな動きを知っておくと、いざというときに役に立ちます。そして一度ケース会議を開く――その過程そのものが「コーディネートすること」なのかもしれません。

Q13 いじめ防止対策推進法にもとづいた校内のいじめ対策委員会は、日頃からスクールソーシャルワーカーやスクールカウンセラーとどのように連携し、どのような活動に取り組んでいく必要があるでしょうか。

複眼的に検証する文化を校内に根づかせる

　これまで、学校ではいじめ防止に向けて何も取り組んでいなかったわけではありません。小学校や中学校では、"個々の豊かな人格形成の基盤つくりや、社会の中で自主的に生きる力を養うため"という本来の教育目的を達成するために効果的だと思われる教育活動の中で、さまざまな手段を講じて行ってきています。そのため、法律の制定により、その活動がより具体的にかつ実効的に行われるようになる部分があるにしても、「いままでやってきたこと以上に、何をすればよいのか。これまで取り組んできたことと何が違うのか」などと戸惑う気持ちも当然のことです。

　では、このような学校現場の中で、校内のいじめ対策委員会は、どのような活動をしていけばよいのでしょうか。できれば、既存の取り組みを活用しつつ、屋上屋を重ねるような印象を与えない組織の在り方や活動内容であることが望ましいです。それを可能にする取り組みの1つとして、「複眼的な検証」を、提案したいと思います。

児童生徒を対象とした講演会や体験型の授業の検証

　いじめ防止の意識を持たせることをねらいとした講演会等については、児童生徒のその時の反応やその後の感想文を判断材料にするのではなく、ねらいとの整合性や達成度合、さらには、より効果的だと思われる企画などの提案を児童生徒たちから聞き取るという作業を試みます。具体的には感想文を書かせる原稿用紙を、ねらいの達成度合を自己評価させるようなアンケート用紙に置き換えるか、原稿用紙の他にその自己評価票を追加配布することも考えられます。受動的になりがちな学びの場を、明確なねらいや評価の視点を提示することで、児童生徒にとっては主体的な学びの場となるようにし、教職員たちにとっては次の企画のための参考資料としていくことが可能となります。

学校生活アンケートの活用状況の検証

　学校生活アンケートで把握できたいじめの案件について、担任や学年がどのように対応したか、その対応は適切であったか否か、今後予想される心配な点は何か、どのような視点で見守る必要があるのかなどを委員会で話し合います。もちろん、謝罪の場を設けたから問題は解決したというような大人側の一方的な判断で終わらないよう、教員側へ経過対応の確認を行ったり、加害・被害児童生徒への聞き取りを行ったりして、その対応の適切性を検証していくのです。委員会からは、担任等に児童生徒間のわだかまりなどの有無を確認してもらったり、関係修復のための事後対応の方法を共に考えたりして、継続的な関わりを組織的に行っていく場合も考えられます。大切なのは、案件が生じた学年のみで対応してしまったり、偏った判断でその案件が終結になっていたり、いつの間にかその案件が風化してしまうといったことを防ぐことです。それが、重大事態を引き起こさないための布石となるでしょう。

痛みを伴う経験の検証と蓄積

　生徒指導や教育相談に関する諸会議において、対象となった児童生徒の状況が報告されることが多くあります。しかし残念なことに、教職員側のどのような対応が事態の好転に結びついたのか、あるいは、望ましくない方向に事態が進んでしまった背景には、教職員の対応に不適切な部分がなかったのかなどを、報告したり共に考えたりする機会があまりありません。児童生徒も教職員も、いじめに関する案件では、関係者の誰もが辛い体験をします。しかし、その体験で伴う痛みを早く忘れたい、できるだけ触れたくないという思いがあるのか、それとも、眼前に次々と迫ってくる新たな問題に対応せざるを得ないのか、その痛みについて、改めて考えることをしないまま、風化していっているように感じます。そのため、同じようなことが繰り返されたり、その痛みがごく一部の人間にしか伝わらなかったりするのではないかと考えられます。この委員会は法律により定められた組織であるため、私的感情や利害関係とは無関係に行わなければならないものです。言い換えると、これまで以上に批判的かつ自浄的な視点で活動していくことが可能となったということにもなります。各案件で味わった児童生徒の痛みだけではなく、そこに関わった教職員たちの成功や失敗の過程を少しずつ段階的に整理して校内で共有する機会を設けていくことで、1つの痛みから、当事者たちに限らず、その周辺にいる人たちにも学べる経験へと変換させることができるのです。その積み重ねこそが、児童生徒たちの自立（自律）的に生きる力を養うための教育力の底上げになるものと思われます。

Q14 誠に悲しいことながら、我が校において、いじめで子どもが亡くなる事案が起きました。このような重大事態が起きた場合、学校内に設置されたいじめ対策委員会は、スクールソーシャルワーカーやスクールカウンセラーと連携しながら、まず具体的にどのような対応をしていけばいいでしょうか。

相談記録や対応記録等、各自が持っている情報を持ち寄り、時系列に整理する

　校内のいじめ対策委員会のように、学校が主体となって調査を行う場合、問題状況を把握するには、アンケートや聞き取り調査、個別面談などが挙げられます。調査開始から報告までの時間的制限があるとしても、やみくもに、アンケート用紙を配布したり、なんとなく名前が挙がっている児童生徒や保護者から聞き取りを行っても、事実誤認などといった問題が生じる可能性もあります。どのような調査を行うにしても、「いつまでに、どのような計画で取り組むのか」（調査活動の期間などの目安の確認）、「何のためにそれを行うのか」（ねらいや目的の確認）、「提案された対応方法は本当に必要か」（問題の優先順位や選別）、「それを行うときの注意点は何か」（留意事項の確認）など、複数で考えを一致させる時間を共有してから、調査組織として活動していく必要があります。それらの方向性を決めていくための最初のステップとして、現時点で持っている情報を淡々と集約していくという準備が重要です。その際、その情報が学校にとってどのような位置づけになるかなどといった主観的判断は不要であることを、学校全体で共通理解しておくことが大切です。そのためには、管理職は率先して調査協力する姿勢を示すことが必要であり、そうすることによって、教職員たちも同様の姿勢を示し、学校内に自浄作用があることを、きちんと表明していくことができると思われます。

調査委員としての役割の自覚

　当事者でもある教職員が構成メンバーとして入る学校主体の調査では、重大事態に至る前からその生徒を知り、家庭とのつながりを持ってきた教職員等が、調査委員を兼務するということになります。学校側は当事者として、他の児童生徒たちのため、保護者や地域住民たちと学校運営を滞ることなく継続していくことが求められています。その一方で、

調査者として、その一連の事態を客観的かつ冷静に捉えていかなければならないのです。さらに、傍から見れば、そのような委員が複数名入っている調査そのものに、第三者性は存在しうるのかと疑われることにもなりかねません。表面化した一部の事実に対する衝撃、責任回避したくなる気持ち、動揺する他の児童生徒や地域住民への対応といった危機介入を優先したくなる気持ちなど、様々な要素によって調査委員会の組織自体が不適切な方向に引っ張られ、事実が捻じ曲げられるのではと思われることが生じるかもしれません。ゆえに、調査委員となったメンバー1人ひとりが、この調査委員会の役割をしっかりと認識し、常にこの組織のねらいに立ち返りながら、遂行していくことが重要となってきます。この役割認識の整理こそが、最も重要な要素であると思われます。

多様な専門性の補完への対応

校内の調査委員会の構成メンバーとして、スクールカウンセラー・スクールソーシャルワーカーが比較的想定しやすいでしょう。なぜなら、両者はそれぞれ、日ごろから学校に出入りできる環境が整っているからです。しかし、それだけでは、専門性の偏りはもちろん、第三者性の保持という面においても、不安であるとの指摘を受けかねないし、教育・心理・福祉のみでは、調査困難となる場合も想定されます。そのような点から、心身の健康面についての専門性をもつ医師や、人権擁護を法的解釈の面から考えられる弁護士、その他地域の人材を構成メンバーとして加えていく必要がありますが、地域によっては、人材が枯渇している場合もありますし、人材を探す手段にも迷ってしまう学校もあることでしょう。スクールカウンセラーやスクールソーシャルワーカー以外の専門性をどのように確保していくべきか、学校としては大きな課題となっているところも少なくないと思われます。

そのような場合には、市町村教育委員会や都道府県教育委員会のサポート的な関与が望ましいです。各教育委員会が、調査委員会の立ち上げを学校側に指示するばかりでは進みません。「実際に、自分がその学校の立場になったら、何に困るのだろう。どの部分を応援してほしいと思うのだろう」などと考え、学校の状況を十分に理解した上で、外部の専門性をどのように学校に加えていくべきか、どのように調査を進めていくべきか、など積極的に提案してみてはどうでしょうか。教育委員会が指示して学校が動く、という構図ではなく、不都合な部分も含め透明性のある調査にするにはどうすべきか、教育委員会と学校教職員がともに考えていくパートナーシップを築いていくことが大切です。

Q15 いじめ対策委員会による関わりの深い子どもや遺族への聴き取り調査で心がけることや、面接する時に気をつけないといけないことはなんでしょうか。

調査に協力する子どもたちや保護者への配慮

　調査される立場になると、緊張など何らかのストレスを感じるものです。それでも、調査に協力しようとしてくれていることに対して、調査側も真摯な姿勢で調査に臨むべきです。特に保護者などとなれば、仕事の都合もあるため、平日の夕方や休日に調査を行うことも予想されます。何度もストレスフルな状況に晒すことのないよう配慮することが大切です。

調査する側としての準備と姿勢

　子どもや保護者に聴き取り調査を行う場合、その調査委員会の中で、聴き取る必要があるという調査委員会として共有された判断の下に実施されるはずです。しかし、他職種が複数で実施する面接となると、その職種の違いが着眼点の差にも繋がり、聞き取り内容にまとまりのないものになってしまいかねません。そのようなことにならないよう、調査目的や質問項目のねらいを共通理解し、聴き取り項目の吟味を丁寧に行っておかなければなりません。

　その吟味をする上で、最も重要なことは、その聴き取り調査の前までに、調査委員会として共有された事実（あるいは事実の可能性が高い事柄）にはどのようなものがあるのかを確認しておくことです。そして、その共有された事実はあくまでも仮説にすぎないという謙虚な姿勢で、聴き取り面接に臨むことが大切です。なぜならば、その面接で得られた情報が、事実を示すいくつかの破片として、それまで調査委員会として共有してきた事実とつなぎ合わせられるか否かを、調査委員会として考えていく判断材料の１つになるからです。決めつけや誘導尋問にならないように謙虚な姿勢で聴き取った内容が、専門性から把握された複数の事実として調査委員会に持ち寄られることで、事実の全体像の把握に繋がり、それらの積み重ねが、いじめ起因の有無を判断することになるのです。

遠慮ではなく、配慮が大切

　「子どもの自殺が起きたときの緊急対応の手引き」（文部科学省　平成22年）によると、遺族への関わりについて、「遺族の気持ちを尊重して…」「遺族の気持ちに寄り添うことが大切……」と表記されているとおりですが、この文言について、少し慎重に考えてみたいと思います。

　もちろん、どのような立場で、遺族に関わるにしても、「自分が遺族の立場だったら、どう感じるか……」という視点を忘れてはなりません。それを忘れてしまうと、どこか事務的な対応になってしまったり、ふとした言動が不謹慎な印象を与えてしまったりと、誤解を招きかねないからです。初動時の軽率とも言える行動が学校不信を招き、問題を却ってこじらせ、問題が深刻化してしまったり新たな問題を増やしてしまったりする可能性があることも予想されます。

　しかし、尊重しすぎたり、気持ちに寄り添おうとしすぎたりすることで、却って、遺族と学校間の関係性がこじれてしまう場合もあります。遺族にしてみれば、突然のことで話が頭に入らず状況を整理できない状態にあります。遺族間でもそれぞれの心は揺れ動き、意向が変わることもあり得るし、やり場の無い悲しみ・怒り・悲嘆等の感情を、周囲へぶつけてしまう状態であっても不思議ではないのです。そのような遺族の状態に、対応する側が"落ち着いてから話し合いましょう"と遠慮がちになってきちんとした説明をしなかったり、"以前はそっとしておいて、という回答であったから、今回もきっとそうであろう"などと推測して了解なしに対処していくことは間違いです。

　遠慮ではなく、配慮を心がけたいものです。遺族と学校間で互いに遠慮し合い、話をしなかったり、逆に良かれと思って動いたことが、「そのような説明は受けていない」「そのようなつもりで言ったのではない」などと、互いの関係に軋轢が生じるケースも少なくありません。

　自分を遺族の立場に置き換え考えることで、自然と言動は遺族の気持ちに寄り添った表現になり、配慮ある対応につながっていくはずです。児童生徒を悼む気持ちを遺族と共有しつつ、他の児童生徒を守り、同様の事態を招かないよう取り組んでいきたいという姿勢を、遺族にも理解してもらえるよう、努めていかなければなりません。学校・教育委員会・調査委員会などは、それぞれの立場や、やるべきことを整理し、きちんとそれを説明して了解を得ながら進めていくという明確で丁寧な対応を心がけたいものです。

おわりに

　「チーム学校」で、スクールソーシャルワーカーが最も機能すべき職務は、「チーム体制」の構築への支援です。それは、自ずとチーム対応となる校内システムの構築への働きかけであり、チームメンバーの一人ひとりが「子どものために力を合わせて」を実感できる心のつながりを併せ持ったチームづくりへの支援です。

　しかし、多くのスクールソーシャルワーカーが最も難しいと感じるのも、この「チーム体制」の構築への支援なのです。当然ですが、スクールソーシャルワーカーがひと声かければ学校のなかに簡単にチーム体制ができるというものではありません。そのため、問題解決のためにスクールソーシャルワーカーが単独で対応したり、教職員の肩代わりをするような活動を続けたりして、それを「忙しい教師を助ける良い支援だ」、「これがチーム対応だ」などと勘違いしている場合は、支援の分業化や丸投げ化を促進し、子ども中心のチームとしての「つながり」を分断する危険性もあります。学校がこのような状況に至ることを鈴木庸裕さんや住友剛さんと共に危惧し、「チーム学校」を読者と考える機会にしたいと考えたのも本書の刊行に至った理由の一つです。

　さて、多くの教職員は学校長の指揮の下、それぞれに責任感と職業的矜持をもって教育活動を行っています。だからこそ本当に機能する「チーム学校」は、外部からの強制ではなく、内部にわき上がるエネルギー、つまり内発的動機づけによって実現されると考えます。その内発的動機づけは、教職員の「気づき」によってもたらされることが多いのです。

　そう考えると、相手の「気づき」に働きかける支援の重要性は明らかです。「気づき」への働きかけは、相手の立場や持てる力を尊重し、相手に関心をもって理解しようとする姿勢からスタートします。これは至極ソーシャルワーク的だと言えます。また、そのような姿勢は、相手を否定したり拒絶したりする状況を生みださないため、心のかよう協力や協働関係を作り出すことができるでしょう。「チーム学校」のもと、校内で大人も子どもも互いに尊重し関心をもち理解しようという意識が日常化することは、間違いなく子どもにとって良い学校環境を作ります。さらに学校と家庭、関係諸機関もそのような意識をもって連携・協働すれば、子どもの幸せを願うそれぞれの立場や、専門性を活かした効果的な支援が実現するはずです。

　一方、相手を尊重し関心をもち理解しようとしたとき、人は自分自身を客観的に理解する場面に遭遇することがあります。そこでの「自分自身への気づき」（自己覚知）が、さらなる「気づき」に発展し、次のステップへの内発的動機づけとなるのです。

誰もがもつ「気づく力」に、互いに着目し働きかけることは、人と人との「つながり」をつくり、チーム体制を生みだしその定着へと導く近道です。そのための一助として、この本が読者のみなさんの「気づく力」への小さな働きかけとなれば、たいへん嬉しく思います。
　最後になりましたが、ご多忙のなかを執筆に携わってくださったみなさま、適時適切に助言をしていただいたかもがわ出版の吉田茂氏に心より感謝申し上げます。

　2016年7月

執筆者一同を代表して
佐々木 千里

【編者】

鈴木　庸裕（すずき　のぶひろ）１章担当
所属：福島大学大学院人間発達文化研究科教授
主な著書：鈴木庸裕編著『震災復興が問いかける子どもたちのしあわせ』ミネルヴァ書房（2013年）、鈴木庸裕・佐々木千里・髙良麻子編『子どもが笑顔になるスクールソーシャルワーク』かもがわ出版（2014年）、鈴木庸裕編著『スクールソーシャルワーカーの学校理解』ミネルヴァ書房（2015年）。
メッセージ：教師や専門家、保護者、地域の人びとがみんな「スクールソーシャルワーカー」になる時代が来るといいですね。

佐々木千里（ささき　ちさと）２章担当
所属：京都市・寝屋川市・静岡県等スクールソーシャルワーカー・スーパーバイザー、社会福祉士
主な著書：鈴木庸裕編著『「ふくしま」の子どもたちとともに歩むスクールソーシャルワーカー』ミネルヴァ書房（2012年）、山野則子・野田正人・半羽利美佳編『よくわかるスクールソーシャルワーク』ミネルヴァ書房（2012年）、鈴木庸裕・佐々木千里・髙良麻子編『子どもが笑顔になるスクールソーシャルワーク』かもがわ出版（2014年）、鈴木庸裕編著『スクールソーシャルワーカーの学校理解』ミネルヴァ書房（2015年）。
メッセージ：「当事者の主体性」や「当事者の力を活かすこと」など、ソーシャルワークの基本を常に意識しましょう。

住友　剛（すみとも　つよし）３章担当
所属：京都精華大学人文学部教授
主な著書：鈴木庸裕編著『「ふくしま」の子どもたちとともに歩むスクールソーシャルワーカー』ミネルヴァ書房（2012年）、大貫隆志編著『「指導死」』高文研（2013年）、日本スクールソーシャルワーク協会編『子どもにえらばれるためのスクールソーシャルワーク』学苑社（2016年）。
メッセージ：今は子どもの安全確保と豊かな教育実践の両立に向けて、文科省「学校事故対応に関する指針」等を手がかりに、多様な人びとの協働で何ができるかを考えています。

【筆者】

宮地さつき（みやち　さつき）４章1-3担当
所属：法政大学現代福祉学部助教、本宮市教育委員会スクールソーシャルワーカー・スーパーバイザー
メッセージ：子どもたちが元気になるために、まず、周りにいるおとな同士が［日常的なつながり］を築いていきましょう。

長澤　哲也（ながさわ　てつや）４章4-6担当
所属：京都市教育委員会スクールソーシャルワーカー、佛教大学・花園大学非常勤講師
メッセージ：スクールソーシャルワークはチームアプローチを指向しています。チーム学校によって子どもと先生が共に笑顔になることを願っています。

朝日　華子（あさひ　はなこ）４章7-9担当
所属：福島県教育委員会いわき教育事務所スクールソーシャルワーカー
メッセージ：子どもたちが安心して過ごせる居場所まで、伴走させてもらえるような水平な存在となれたら、と思ってます。

土屋　佳子（つちや　よしこ）４章10-12担当
所属：立教大学兼任講師、福島県等スクールソーシャルワーカー・スーパーバイザー、京都大学大学院人間・環境学研究科博士後期課程
メッセージ：スクールソーシャルワークの魅力は２つのそうぞう、「想像と創造」にあることを実感しています。

山本　操里（やまもと　さおり）４章13-15担当
所属：大崎市教育委員会スクールソーシャルワーカー
メッセージ：さまざまな立場にある多くの方々の"痛み"や"願い"などを重ね合わせる気持ちで、執筆させていただきました。

組版:小國文男
装幀:中村義友(エス・エヌ・ピー)
イラスト:和多田一美

子どもの気づきがつなぐ「チーム学校」
——スクールソーシャルワークの視点から——

2016年8月10日　第1刷発行

編　者　鈴木庸裕・佐々木千里・住友　剛
発行者　竹村正治
発行所　株式会社　かもがわ出版
　　　　〒602-8119　京都市上京区堀川通出水西入ル
　　　　TEL 075(432)2868　FAX 075(432)2869
　　　　振替 01010-5-12436
　　　　ホームページ http://www.kamogawa.co.jp
印刷所　新日本プロセス株式会社

ISBN978-4-7803-0850-1 C0037　　　　　　　　　　　　©2016

高良麻子・佐々木千里・鈴木庸裕 編
（東京学芸大学）（SSWrスーパーバイザー）（福島大学）

福祉・SSW
との出会いは、
**子どもたちとの
出会い直し！**

子どもが笑顔になるスクールソーシャルワーク

―― 教師のためのワークブック ――

B5判・122頁・並製　本体価格1800円（＋税）　2014年9月刊行

- スクールソーシャルワークの考え方や支援方法を学校現場にそくして解説！
- アセスメント、ケース会議、保護者対応、機関連携をワーク形式で実感！！
- コピーして使える幼・小・中・高校アセスメントシートなどを巻末に！！！

スクールソーシャルワークの成果にもとづく 16のヒント

1) 校内体制づくりのポイント
2) 授業づくりとソーシャルワーク
3) 虐待の発見と対応
4) 非行や暴力事象への対応
5) ケータイ・ネットいじめへの対応
6) 小1プロブレムと中1ギャップ
7) 特別支援教育コーディネーター
8) 養護教諭の仕事とSSW
9) 学校と地域の環境づくり
10) 進路指導・就労支援
11) 意思疎通の困難な親への関与
12) 社会資源とコミュニティスクール
13) 児童相談所や外部機関
14) 外国にルーツのある子ども支援
15) 校内連携と機関連携
16) 幼稚園・保育園でのケース会議

執筆者

朝日華子・井戸川あけみ・梅山佐和・太田英樹・小野　学・菊池寛之・木下敦子・黒田尚美・高良麻子・小林弘和・佐々木千里・鈴木庸裕・高橋早苗・竹内和雄・竹原雅子・土屋佳子・林　聖子・丸山涼子・宮地さつき・宮之原弘・森　丈太 （50音順）

**気になる子どもの
明るい笑顔がみたい**

かもがわ出版　〒602-8119　京都市上京区出水通堀川西入
TEL075-432-2868　FAX075-432-2869
http://www.kamogawa.co.jp
info@kamogawa.co.jp